Henning Pietzsch

Die Fronterfahrungen der deutschen Soldaten im Ersten Weltkrieg und ihre Ideologisierung zum "Fronterlebnis" in den zwanziger Jahren

Bildnachweis Umschlagseite: "Der Reichspräsident begrüßt den Führer. Hinter dem Reichskanzler der preußische Minister, General Göring". In: Hindenburg. Herausgegeben von der Sturm-Zigaretten-Fabrik GmbH., Dresden 1934.

Henning Pietzsch

DIE FRONTERFAHRUNGEN DER DEUTSCHEN SOLDATEN IM ERSTEN WELTKRIEG UND IHRE IDEOLOGISIERUNG ZUM "FRONTERLEBNIS" IN DEN ZWANZIGER JAHREN

ibidem-Verlag
Stuttgart

Bibliografische Information Der Deutschen Bibliothek

Die Deutsche Bibliothek verzeichnet diese Publikation in der Deutschen Nationalbibliografie; detaillierte bibliografische Daten sind im Internet über <http://dnb.ddb.de> abrufbar.

∞

Gedruckt auf alterungsbeständigem, säurefreien Papier
Printed on acid-free paper

ISBN: 3-89821-427-3

Printed in Germany

Inhaltsverzeichnis

1. Einleitung 7
2. Fronterfahrungen im Ersten Weltkrieg 11
2.1 Kriegsbeginn - das "Augusterlebnis" 11
2.2 "Wirklichkeit" des modernen Krieges 18
2.3 Erfahrungen der Frontkameradschaft 25
2.4 Feldpostbriefe 32
2.5 Frontalltag und psychische Auswirkungen 37
2.6 Mißstände, Verweigerungsstrategien und Prozeß der "Revolutionierung" 43
3. Ideologisierung der Fronterfahrungen zum "Fronterlebnis" 51
3.1 Liquidierung des Krieges und Bild der Frontsoldaten in der Öffentlichkeit 51
3.2 Freikorps, Wehrverbände und Frontkämpferbünde 61
3.3 Fronterfahrungen in der Literatur und ihre Ideologisierung zum "Fronterlebnis" 69
3.4 Militärische Elite und Aufstieg des Nationalsozialismus 84
3.5 Die junge bürgerliche Generation im Nachkriegs-Deutschland und der Nationalsozialismus am Beispiel Dr. Werner Best 93
4. Epilog 101

Literaturverzeichnis 105

Personen- und Sachregister 115

Karten 117

1. Einleitung

Die vorliegende Studie ist das Ergebnis einer Untersuchung über die Fronterfahrungen im Ersten Weltkrieg, deren unmittelbare Wirkung im Krieg sowie Ideologisierung zum Fronterlebnis in den zwanziger Jahren und den erfolgreichen Versuch, sie in der politischen Auseinandersetzung in der Zeit der Weimarer Republik für die rechten nationalen und nationalsozialistischen Kräfte zu instrumentalisieren. Der Streit um die Wahrnehmung, Deutung und Darstellung des "Großen Krieges" von 1914 - 1918 spielte innerhalb der politischen Kultur der Weimarer Republik eine zentrale Rolle.[1] Nach 1945 herrschte vor allem ein großes Interesse an der politischen Geschichte des Krieges mit Blick auf Herrschaftsstrukturen. Eine intensive Beschäftigung mit den Stimmungen und Mentalitäten der Weltkriegssoldaten[2] setzte erst seit den 80er Jahren ein und führte den Trend von den älteren sozial- und strukturgeschichtlichen Untersuchungen hin zu neuen Ansätzen einer Geschichte des Ersten Weltkrieges >von unten<.[3] Hierbei richtete sich das Interesse zunehmend auf konkrete Erfahrungen und Verhaltensweisen der Soldaten im und nach dem Krieg selbst.[4] Seit Mitte der 90er Jahre hat sich eine Reihe von Historikern erneut mit diesem Problem durch Spezialuntersuchungen auseinandergesetzt und versucht, den Ersten Weltkrieg und die Erinnerung daran aus der Sicht der Soldaten aufzuzeigen und zu analysieren.[5]

Eine alles umfassende Arbeit kann bei der enormen Menge an Literatur zu diesem Thema mit seinen unterschiedlichsten Schwerpunkten nicht geleistet werden. Den Krieg und die Zeit der Weimarer Republik betreffende politische Ereignisse werden nur insoweit zur Sprache kommen, wie sie für eine Betrachtung und Erklärung der Fakten im Umgang mit dem Fronterlebnis direkt im Zusammenhang stehen. So werden beispielsweise die während des Krieges aufkeimende Antikriegsbewegung, die politischen und sozialen Verhältnisse in Deutschland während des Krieges, eine Analyse der Ursachen der Revolution von 1918/19 und die Parteienlandschaft der Weimarer Zeit nicht zur Sprache kommen, sondern ihre Kenntnisse vorausgesetzt.[6] Es werden deshalb nur solche Fakten Berücksichtigung finden, die bisher in der wichtigsten Fachliteratur zum Thema vorliegen. Es soll der Zusammenhang herausgearbeitet werden, wie sich die Einstellungen der Soldaten zum Krieg von anfänglicher und teilweiser Kriegsbegeisterung zu Kriegsbeginn hin zu einer Friedenssehnsucht bei konkretem Sinnverlust an dessen Ende veränderten und Jahre später die Fronterfahrungen im heroischen Gewand des "Fronterlebnisses" wieder aufzuerstehen vermochten und die erlebten Schrecknisse des Krieges zu einer positiven Opferbereitschaft und in völkisches Heldentum umgedeutet wurden. Um den sich in der Nachkriegszeit verändernden Rückblick auf die Fronterfahrungen nachvollziehen zu können, wird hier die Frage im Vordergrund stehen, welche politischen Faktoren einerseits dieses Erleben und Nacherleben beeinflußten und wie die "Frontgeneration" andererseits mit dem Fronterlebnis selbst umging.

Diese Arbeit ist in zwei Hauptkomplexe eingeteilt. Im ersten Teil wird den konkreten Fronterlebnissen nachgegangen. Dabei wird ein Bogen gespannt vom Beginn des Krieges mit seinem "Augusterlebnis" bis zum Ende des Krieges und der Friedenssehnsucht der Soldaten mit dem Prozeß der Revolutionierung eines Teils der Soldaten. Der zweite Komplex ist in drei Schwerpunkte unterteilt. Der erste Teil beschreibt und untersucht die Rückkehr der Soldaten in die Heimat und ihre Demobilisierung. Der zweite Teil greift zentrale Bereiche des sich wandelnden Rückblicks auf die Fronterfahrungen sowie ihre politische wie ideologische Instrumentalisierung zum Fronterlebnis in der Kriegsliteratur in den zwanziger Jahren der Weimarer Republik auf. Im dritten Teil wird die Rolle der militärischen und bürgerlichen Eliten herausgestellt bei der Ideologisierung des Fronterlebnisses bis hin zum Nationalsozialismus. Am Beispiel von Dr. Werner Best soll der Weg eines Vertreters der ”Nachkriegsgeneration” im politischen Klima der Weimarer Republik nachgezeichnet werden.

Ausgangspunkt der Arbeit wird sein zu fragen, ob und in welchem Umfang es bei Kriegsbeginn eine allgemeine Kriegsbegeisterung in Deutschland gab oder ob hier weit mehr ein öffentlich gewolltes Bild, resultierend aus Propaganda und Mystifizierung des Krieges allgemein, vorlag.[7] Wie und mit welcher Stimmung zogen die meist nicht freiwilligen Soldaten tatsächlich ins Gefecht?[8] Was war das konkrete Fronterlebnis für diese Soldaten und welche Wechselwirkungen erzeugte es zwischen Front und Heimat? Welchen Einfluß hatten die Erfahrungen der Technisierung des Krieges, und wie wirkten hierarchische Mißstände innerhalb der Armee zunehmend auf Verweigerungsstrategien der Soldaten hin? Es wird in der vorliegenden Arbeit insgesamt die Frage zu klären sein, welche Ursachen die ideologische Vereinnahmung des Fronterlebnisses nach dem Krieg bestimmten.

Es geht dem Autor insgesamt nicht darum, eine kausale Begründung für die Entstehung des Nationalsozialismus aus den Bedingungen des Ersten Weltkrieges herzuleiten. Gleichwohl wird diese Frage berührt, weil gerade im Fronterlebnis der

Frontgeneration mythische Legitimationsformeln für die Herrschaft des Nationalsozialismus begründet liegen.

Anmerkungen:

[1] Bernd Ulrich, Benjamin Ziemann Hg.: Krieg im Frieden. Die umkämpfte Erinnerung an den Ersten Weltkrieg. Quellen und Dokumente, Frankfurt a. M. 1997, S. 14.

[2] Bernd Ulrich, Benjamin Ziemann Hg.: Frontalltag im Ersten Weltkrieg. Wahn und Wirklichkeit, Frankfurt a. M. 1994, S. 17.

[3] Gerd Krumeich: Kriegsgeschichte im Wandel. In: Gerhard Hirschfeld u.a. Hg.: >Keiner fühlt sich hier mehr als Mensch...< Erlebnis und Wirkung des Ersten Weltkrieges, Frankfurt a. M. 1996, S. 16 ff. Krumeich bezieht hier seine Aussage auf Klaus Vondung Hg.: Kriegserlebnis. Der Erste Weltkrieg in der literarischen Gestaltung und symbolischen Deutung der Nation, Göttingen 1980, sowie Volker Ullrich: Kriegsalltag. Hamburg im Ersten Weltkrieg, Köln 1982, aber auch Marcel v. d. Linden u.a. Hg.: Kriegsbegeisterung und mentale Kriegsvorbereitung. Interdisziplinäre Studien, Berlin 1991, besonders ebd. den Beitrag von Wolfgang Kruse über Kriegsbegeisterung zu Beginn des Ersten Weltkrieges, aber auch Richard Bessel: Kriegserfahrungen und Kriegserinnerungen.

[4] Verwiesen sei hier auf zahlreiche Veröffentlichungen in der Zeitschrift für Historische Sozialwissenschaft, Geschichte und Gesellschaft 1983, 1985 und 1986. Darin finden sich Aufsätze von Michael Geyer in einer vergleichenden Studie zum Problem der Kriegsopferversorgung in Frankreich, Deutschland und Großbritannien von 1983, von Michael H. Kater über den Generationskonflikt als Entwicklungsfaktor in der NS-Bewegung vor 1933 von 1985 und von Wolfram Wette zur militärischen Demobilmachung in Deutschland 1918/19 von 1986.

[5] Ich nehme hier Bezug auf neuere Erscheinungen seit 1994. Vor allem die Arbeiten von Bernd Ulrich und Benjamin Ziemann seien hier genannt: Frontalltag im Ersten Weltkrieg. Wahn und Wirklichkeit von 1994, Krieg im Frieden. Die umkämpfte Erinnerung an den Ersten Weltkrieg von 1997, Bernd Ulrichs Aufsatz Militärgeschichte "von unten". In: Geschichte und Gesellschaft 22, Heft 4 von 1996, Bernd Ulrichs Buch: Augenzeugen: Deutsche Feldpostbriefe in Kriegs- und Nachkriegszeit 1914 - 1933 von 1997, aber auch das von Gerhard Hirschfeld u. a. herausgegebene Buch: >Keiner fühlt sich hier mehr als Mensch...< Erlebnis und Wirkung des Ersten Weltkriegs von 1996, Wolfgang Kruse Hg.: Eine Welt von Feinden. Der große Krieg von 1914 - 1918 von 1997 sowie eine Reihe von Einzelaufsätzen zu speziellen Themen, hier u.a. auch wieder Wolfgang Kruse sowie Thomas Kühne von 1996, ebenfalls in: Geschichte und Gesellschaft, Heft 4.

[6] Besonders die allgemeine Literatur zum Ersten Weltkrieg und zur Weimarer Republik. Bruno Gebhardt: Handbuch zur deutschen Geschichte, Bd. 3: Von der Französischen Revolution bis zum Ersten Weltkrieg, Stuttgart 1970 und Bd. 4, 1-2: Die Zeit der Weltkriege, Stuttgart 1973 u. 1976, Siedler Deutsche Geschichte, Bd. 3 von Michael Stürmer: Das ruhlose Reich. Deutschland 1866 – 1918, Berlin 1983 und Bd. 4 von Hagen Schulze: Weimar, Deutschland 1917 – 1933, Berlin 1982, Gregor Schöllgen: Das Zeitalter des Imperialismus, München 1991, Eberhard Kolb: Die Weimarer Republik, München 1993.

[7] Dazu Reinhard Rürup: Der "Geist von 1914" in Deutschland. Kriegsbegeisterung und Ideologisierung des Krieges im Ersten Weltkrieg. In: Bernd Hüppauf Hg.: Ansichten vom Krieg. Vergleichende Studien zum Ersten Weltkrieg in Literatur und Gesellschaft, Königstein/Ts. 1984.

[8] Dazu Wolfgang Kruse: Zur Erfahrungs- und Kulturgeschichte des Ersten Weltkrieges. Kriegsbegeisterung? Zur Massenstimmung bei Kriegsbeginn. In: Wolfgang Kruse Hg.: Eine Welt von Feinden. Der Große Krieg 1914 - 1918, Frankfurt a. M. 1997, S. 159 ff.

2. Fronterfahrungen im Ersten Weltkrieg

2.1 Kriegsbeginn - das "Augusterlebnis"

Die Ideen der 1914 zu Ende gehenden Epoche hatten neben einem diffusen Antisemitismus und einem scheinwissenschaftlich begründeten Sozialdarwinismus vor allem einen nationalistisch gefärbten Sendungsglauben hervorgebracht, der sich in seiner Skepsis gegen Vernunft und Humanität von den Werten der Aufklärung abwandte und sich statt dessen einer romantischen Vision von Instinkt, Blut und Trieb hingab.[1] Siegmund Freuds Triebtheorie[2], Friedrich Nietzsches Umwertung aller Werte[3] sowie Richard Wagners dramaturgisch romantische Kunstwelt[4], um nur einige wichtige, aber auch gegensätzliche Einflüsse vom Ende des 19. und Beginn des 20. Jahrhunderts in Deutschland zu benennen, verschränkten sich in den Vorstellungen vieler Menschen zu einem Weltbild, das sich an der politischen Realität vorbeiträumte und/oder in prophetischer Voraussicht eine Zukunft mit Schrecken erahnte. Das Vorkriegsdeutschland beherrschte politisch wie gesellschaftlich eine unangefochten elitäre Adelsschicht. Das Bürgertum war zwar materiell aufstrebend, aber ohne nennenswerten politischen Einfluß. Die proletarische Vermassung zeichnete sich als Ausdruck der unaufhaltsamen Technisierung der Wirtschaft ab, die vom politischen Aufstieg und Einfluß der Parteien begleitet wurde. Demagogen rechter Parteien propagierten einen Nationalismus, der in Bezug auf die militaristischen Ziele Deutschlands die Ableitung sozial bedingter Aggressionen verfolgte. In doppelter Funktion versprachen sie sich dadurch einerseits, einen integrativen Gruppenkonsens zu schaffen, um die sozialen Spannungen innerhalb der Gesellschaft auf äußere Gegnerbilder abzuleiten. Andererseits war dies ein wichtiger Beitrag zur Erhaltung des unsozialen Ordnungsgefüges.[5] Ihren nachhaltigen Ausdruck fanden die nach außen gerichteten Ziele in den propagierten Forderungen nach der Weltmacht Deutschlands.[6]

Während Deutschlands Außenpolitik unter Bismarck auf einen Ausgleich der politischen wie militärischen europäischen Machtverhältnisse ausgerichtet war und in seinen expansionistischen Zielen begrenzt blieb, so verfolgten die wilhelminischen Eliten im Zeitalter des Imperialismus auf der Basis "unbeweglicher Bündnisblöcke" das Ziel der Neuverteilung der Welt.[7] Krieg galt dabei als legitimes Mittel[8] zur Durchsetzung außenpolitischer Ziele, zunächst marginal an den "Rändern" der Macht- und Einflußsphären in den Kolonialgebieten. Mit der Verschärfung der

Nationalitätenkonflikte in der Habsburger Monarchie begann dann das Kapitel, welches den Auslöser für den Ersten Weltkrieg hervorbrachte und sich nach einem scheinbar ungewissen Zögern explosionsartig über Europa entladen sollte.

Mit dem Beginn des Ersten Weltkrieges lassen sich drei zentrale Punkte erkennen und herausstellen, die unmittelbar die Dauer und den Verlauf des Krieges mitbestimmten. Einmal waren das die Begründungen für die Ursachen des Krieges, dann das Phänomen der Kriegsbegeisterung, das im sogenannten "Augusterlebnis" seinen Ausdruck fand, und drittens die daraus abgeleitete Vorstellung vom "Geist von 1914".[9] Diesen prägten neben dem Kaiser als oberstem Kriegsherren und der preußischen Militärführung zahlreiche Personen des öffentlichen Lebens, Intellektuelle und Künstler[10], große Teile der Wissenschaft[11] sowie Parteien und Verbände, und unter diesen kam der Sozialdemokratischen Partei eine entscheidende Rolle zu. Der "Geist von 1914" bestimmte darüber hinaus in entscheidendem Maße den öffentlichen Diskurs in der politischen wie ideologischen Auseinandersetzung der Weimarer Republik. Auch der Aufstieg und politische Erfolg der Nationalsozialisten waren hierin schon mit angelegt. Allgemein durchzog das Land eine Kriegsbegeisterung, die den Krieg fast schon herbeigesehnt hatte.[12] Viele junge Männer glaubten, sich im "nationalen Aufbruch" der sterilen Enge des wilhelminischen Alltages entziehen zu können. Andere erhofften, sich in ein die nationalistischen Sinne erweckendes Abenteuer stürzen zu können. Sie fühlten sich magisch von den zu erwartenden Ereignissen angezogen. Die Kriegsbegeisterung schloß eine sakrale Todesverachtung, das heldenhafte und ruhmreiche kollektives Sterben mit ein. Der Krieg war für einen großen Teil von ihnen eine erhoffte Ausnahmesituation, in der bestehende zivile Regeln aufgehoben schienen, um gleich noch stärkere militärische Fesseln angelegt zu bekommen. In den ländlichen Gebieten dagegen verharrte die Bevölkerung eher in Angst und Besorgnis über die kommende Zeit des Krieges.[13] Krieg wurde erwartet, der Krieg kam.[14]

Trotz der sichtbaren allgemeinen Bejahung der Entscheidung für die deutsche Mobilmachung am 01.08.1914 war es für die politisch Verantwortlichen außerordentlich wichtig, daß die Arbeiterschaft und mit ihr deren politische Führung dem Krieg zustimmte.[15] Die Aussicht, daß es sich um einen kurzen Krieg und um einen Verteidigungskrieg handeln werde, begünstigte dabei die Einstellung und Unterstützung der von der Sozialdemokratischen Partei (SPD) geführten Arbeiterschaft für den Krieg.[16] Dies führte in seiner Konsequenz zum sogenannten "Burgfrieden" zwischen der SPD und den anderen Parteien des Reichstages mit der

Reichsregierung und dem Kaiser.[17] "Es war der Regierung [...] gelungen, den Eindruck zu erzeugen, daß Deutschland das bedrohte Land war."[18]

Die veränderten Bedingungen für eine Kriegsführung, die ein Massenheer voraussetzten, waren noch an die wilhelminische Aristokratie und ihre elitäre Militärführung gekoppelt. Diese ging davon aus, daß auf der Basis von festen Regeln, Zucht und Ordnung der Verlauf eines Krieges im voraus zu berechnen sei und so ein kurzer, aber gewaltiger Krieg geführt werden könne.[19]. Zwei Bedingungen waren zu erfüllen, um das zu erreichen. Erstens mußte der Krieg nach innen wie außen zu einem unvermeidbaren und damit gerechten Krieg erklärt werden. Zweitens mußte die nationale Hoffnung erfüllt werden, daß das Volk der legitime Verteidiger der Nation ist. Die Folge war ein nach außen zielendes Gegnerbild. Die allgemeine nationale Begeisterung in der Arbeiterschaft, vor allem der SPD, knüpfte sich deshalb an die Vorstellung, durch den Krieg eine Überwindung der politischen und sozialen Widersprüche im Land zu erreichen.[20] Sie glaubte sich als gesellschaftliche Interessengruppe in die Nation integriert. Die Motive der meisten Menschen für ihre Kriegsbegeisterung waren individuelle und gesellschaftliche Projektionen für einen nationalen Aufbruch, Hoffnungen und Wünsche nach persönlicher Zufriedenheit und Glück, die Harmonisierung gesellschaftlicher Widersprüche.[21] Zusammenfassend kann gesagt werden, daß es durchaus in der Bevölkerung eine verbreitete Bereitschaft zur Verteidigung der Nation und zum Krieg 1914 gegeben hat.

Die Adligen und die militärische Führung erhofften sich neben ihren expansionistischen Zielen im Gegensatz dazu eine Bestätigung und Aufwertung in ihrer Funktion als aristokratische und militärische Elite. Dies fand seine Ausprägung besonders kraß in ihren geographisch-wirtschaftlichen Expansionszielen. Hier knüpften sie bereits weitgehend an sozialdarwinistische und biologistische Vorstellungen zur materiellen Vertreibung, Verdrängung und Unterdrückung anderer Völker an. Alle geistigen, technischen und materiellen Kräfte des Landes sollten für diesen Existenzkampf genutzt werden. Es sollte der erste totale Krieg werden. Das kündigte sich bereits im "Wunder der Mobilmachung" an.[22]

Die Kriegsbegeisterung verband auch Vorstellungen eines kulturellen Gegensatzes zwischen der libertären westlichen Tradition mit ihrer auf Vereinzelung und Haltlosigkeit gerichteten kapitalistischen Individualität und stand damit im Gegensatz zur Vorstellung von der deutschen Kulturnation. Deren Basis wurde mit dem Begriff der "organischen Freiheit" umschrieben. Gemeint war damit die freiwillige politische Unterordnung des Einzelnen unter den Gesamtkörper Volk.

Dieser Volkskörper sollte nun in seiner Gemeinschaft unter Einbeziehung des gesamten Volkes einen kulturellen "Entscheidungskampf" führen, um dadurch zur "eigentlichen Vollendung" der Nation zu gelangen.[23] "Volksgemeinschaft" statt "Klassenkampf" – das war der eigentliche Inhalt des "Augusterlebnisses" und zugleich das zentrale Element aller Entwürfe für eine aus dem Krieg geborene neue Gesellschaftsordnung.[24]

Verstärkt durch die Propaganda wurde die Kriegsbegeisterung zum öffentlichen "Augusterlebnis" 1914 stilisiert. Das zeigte sich vor allem auf öffentlichen Plätzen als Produkt der Propaganda der Zeitungen, von Anschlägen und öffentlichen Kundgebungen. Angeführt von einer kleinen, aber einflußreichen Gruppe von Publizisten erwachte nun eine Kriegspropaganda in bisher ungeahntem Ausmaß. Dabei projizierten die Publizisten nur allzugern ihr eigenes Wunschdenken in ihre Artikel hinein. Sie schienen gleichsam beseelt von der Einheit und Einigkeit des "ganzen Volkes".[25] Möglicher öffentlicher Widerstand wurde so niedergehalten und versackte in politischer Resignation. Tod und Elend im Krieg wurden verleugnet und in ihr Gegenteil banalisiert. Die moralischen Rechtfertigungen für das kommende Töten und Getötetwerden lieferten bereits im Vorkrieg die staatlichen Apparate wie Schulen, Kirchen und eben nicht zuletzt die Massenmedien der Zeit.[26] Dabei schöpften die Publizisten und staatlichen Apparate bereits aus den romantisierten Überlieferungen und Erzählungen des letzten Krieges von 1870/71. In einer Sprache unverhohlener Ästhetisierung[27] berichteten sie vom Einbruch des Unerwarteten, vom moralischen Ehrgefühl der Nation, von berauschenden Leidenschaften beim kommenden Stürmen gegen den Feind, von draufgängerischer Entschlossenheit, von Tapferkeit und wilder Freude bei dem schrecklich schönen Drama des Durchbohrens und Niedermähens der Gegner.[28] Es entwickelte sich eine regelrechte Sprachpoesie der Schlachtfelder. Das kriegerische Ereignis wurde zu einem unabwendbaren Naturereignis und so zum Schicksalsschlag. Das nationale Massaker des Schlachtfeldes bekam hier seine sakrale Bedeutung im Bild vom "Opfer auf dem Altar der Nation".[29]

Zahlreiche Künstler, Schriftsteller, Maler und Gesellschaftswissenschaftler empfanden im Ausbruch des Krieges für sich und die Gesellschaft einen motivierenden Schub, der die Gesellschaft verändern würde. Dabei kam es dieser Gruppe der Gesellschaft vor allem auf die tiefgreifenden existentiellen Dimensionen des Krieges im künstlerischen Empfinden an.[30] Der Ausgang des Krieges schien "Einerlei". Er war an sich eine "wunderbare Katastrophe". Das Spektrum der

Darstellungen vom und die Vorstellungen über den Krieg reichten dabei von einer oberflächlichen Trivialisierung bis zu apokalyptischen und symbolischen Deutungen.[21] Der wirkliche Krieg aber wurde zur Geschichte seines Durchhaltens.

Anmerkungen:

[1] Joachim C. Fest: Hitler. Eine Biographie, Frankfurt a. M. 1973, S. 87.

[2] Vgl. Josef Rattner: Klassiker der Tiefenpsychologie, Augsburg 1997, S. 3 ff., auch E. Fischer Homberger: Die traumatische Neurose. Vom somatischen zum sozialen Leiden, Bern 1975, S. 74 - 82.

[3] Vgl. Friedrich Nietzsche: Das Hauptwerk, Bd. 4, Nachdruck München 1990, mit einem Nachwort von Jost Perfahl, S. 635.

[4] Vgl. Joachim C. Feist: Hitler, Frankfurt a. M. 1973, S. 74 ff.

[5] Thomas Rohkrämer: Der Gesinnungsmilitarismus der >kleinen Leute< im Deutschen Kaiserreich. In: Wolfram Wette Hg.: Der Krieg des Kleinen Mannes. Eine Militärgeschichte von unten, München 1992, S. 95.

[6] Golo Mann: Deutsche Geschichte des 19. und 20. Jahrhunderts, Frankfurt a. M. 1992, S. 479 f. "Der ´Alldeutsche Verband´ folgte dem kaiserlichen Ruf [...] von den [...]Herrschaftsideen der Zeit [...] Deutschtum und deutsche Kultur, Nationale Politik, Kampf ums nationale Dasein, Kampf um Lebensraum, große Politik, Weltpolitik!"

[7] Gordon A. Craig u. Alexander L. George: Zwischen Krieg und Frieden. Konfliktlösung in Geschichte und Gegenwart, München1988, S. 49 ff.

[8] Ebd., S. 73.

[9] Zu den Ursachen und Zielen des Krieges u.a. Fritz Fischer: Griff nach der Weltmacht. Die Kriegszielpolitik des kaiserlichen Deutschland 1914/1918, Kronberg/Ts. 1979. Zur Kriegsbereitschaft und Augusterlebnis.u.a. Marcel v. d. Linden u.a. Hg.: Kriegsbegeisterung und mentale Kriegsvorbereitung. Interdisziplinäre Studien. In: Beiträge zur Politischen Wissenschaft, Bd. 61, Berlin 1991, Ulrich/Ziemann Hg.: Frontalltag im Ersten Weltkrieg, Frankfurt a. M. 1995, Wahn und Wirklichkeit, Frankfurt a. M. 1995. Zur Kultur und Gesellschaft u. a. Gordon A. Craig: Über die Deutschen, München 1982, Bernd Hüppauf Hg.: Ansichten vom Krieg. Vergleichende Studien zum Ersten Weltkrieg. In: Literatur und Gesellschaft, Königstein/Ts. 1984.

[10] Vgl. Wolfgang J. Mommsen: Kultur im Krieg. Die Rolle der Intellektuellen, Künstler und Schriftsteller im Ersten Weltkrieg, München 1996.

[11] Vgl. Reinhard Rürup: Der "Geist von 1914" in Deutschland. Kriegsbegeisterung und Ideologisierung des Krieges im Ersten Weltkrieg. In: Bernd Hüppauf Hg.: Ansichten vom Krieg. Vergleichende Studien zum Ersten Weltkrieg in Literatur und Gesellschaft, Königstein/Ts. 1984, S. 1 - 30.

[12] Karl-Dietrich Erdmann: Der Erste Weltkrieg, München 1980, Winfried Baumgart: Die Julikrise und der Ausbruch des Ersten Weltkrieges 1914, Darmstadt 1983, Reinhard Rürup: Der "Geist von 1914" in Deutschland. Kriegsbegeisterung und Ideologisierung des Krieges im Ersten Weltkrieg. In: Bernd Hüppauf Hg.: Ansichten vom Krieg, Königstein/Ts. 1984, Jost Dülffer u. a. Hg.: Bereit zum Krieg. Kriegsmentalität im wilhelminischen Deutschland 1890 - 1914, Göttingen 1986, Wolfram Wette Hg.: Der Krieg des Kleinen Mannes, München 1986, Herfried Münkler: Gewalt und Ordnung. Das Bild des Krieges im politischen Denken, Frankfurt a. M. 1992, Christian F. Menger: Deutsche Verfassungsgeschichte der Neuzeit, Heidelberg 1993, Bernd Hüppauf: Schlachtenmythen und die Konstruktion des >Neuen Menschen<. In: Gerhard Hirschfeld u. a. Hg.: >Keiner fühlt sich hier mehr als Mensch...< Erlebnis und Wirkung des Ersten Weltkrieges, Frankfurt a. M.

1996,.Andreas Vuckovic: "Wunderbare Katastrophe". Künstler im Ersten Weltkrieg. In: Berliner Morgenpost/Nr. 133, Feuilleton, Berlin 17.05.98, S. 36, Zeitungsartikel zu einem Vortrag von Wolfgang J. Mommsen in Berlin zur Rolle der künstlerischen und intellektuellen Avantgarde in Deutschland 1914 - 1916.

[13] Ulrich/Ziemann Hg.: Frontalltag im Ersten Weltkrieg. Wahn und Wirklichkeit, Frankfurt a. M. 1995, S. 13 u. 29 ff.

[14] Dazu u. a. Joachim C. Fest: Hitler. Eine Biographie. Der Aufstieg, Frankfurt a. M. 1976, S. 97 ff. Hier beschreibt Fest an der Person Hitlers in beispielhafter Weise die Ahnung und die Stimmung der Menschen in München vor und während der Augustereignisse.

[15] Jürgen Rojahn: Arbeiterbewegung und Kriegsbegeisterung. Die deutsche Sozialdemokratie 1870 – 1914. In: Marcel v. d. Linden u. a. Hg.: Kriegsbegeisterung und mentale Vorbereitung, S. 57 ff.

[16] Besonders an der problematischen Auseinandersetzung zur Bewilligung der Kriegskredite wird deutlich, mit welchen politischen Hoffnungen und Zielen die sozialdemokratischen Abgeordneten ihre Zustimmung begründeten, um die Allgemeinheit der Arbeiterschaft von ihrer starken Antikriegshaltung abzubringen. Vgl. Gottfried Schramm: 1914: Sozialdemokraten am Scheideweg. In: Christian Stern u. Hans August Winkler Hg.: Wendepunkte deutscher Geschichte 1848 - 1990, Frankfurt a. M. 1994, S. 79.

[17] Vgl. Jürgen Rojahn: Arbeiterbewegung und Kriegsbegeisterung. Die deutsche Sozialdemokratie 1870 – 1914. In: Marcel v. d. Linden u. a. Hg.: Kriegsbegeisterung und mentale Kriegsvorbereitung, Berlin 1991, S. 67.

[18] Ebd., S. 67.

[19] Marcel v. d. Linden/Gottfried Mergner: Kriegsbegeisterung und mentale Kriegsvorbereitung. In: Marcel v. d. Linden Hg.: Kriegsbegeisterung und mentale Vorbereitung, Berlin 1991, S. 9 ff.

[20] Wolfgang J. Mommsen: Der Erste Weltkrieg und die Krise Europas. In: Gerhard Hirschfeld u. a. Hg.: >Keiner fühlt sich hier mehr als Mensch...<, Frankfurt a. M. 1996, S. 30 ff.

[21] Thomas Rohkrämer: Der Gesinnungsmilitarismus der >kleinen Leute< im Deutschen Kaiserreich. In: Wolfgang Wette Hg.: Der Krieg des Kleinen Mannes, München 1992, S. 106 f.

[22] Vgl. Reinhard Rürup: Der "Geist von 1914" in Deutschland. In: Bernd Hüppauf: Ansichten vom Krieg, Königstein/Ts. 1984, S. 5.

[23] Ebd., S. 16.

[24] Ebd., S. 17.

[25] Ulrich/Ziemann Hg.: Frontalltag im Ersten Weltkrieg, Wahn und Wirklichkeit, Frankfurt a. M. 1995, S. 29 ff.

[26] V. d. Linden/Mergner: Kriegsbegeisterung und mentale Kriegsvorbereitung. In: Marcel v. d. Linden u. a. Hg.: Kriegsbegeisterung und mentale Kriegsvorbereitung, Berlin 1991, S. 20 ff.

[27] Thomas Rohkrämer: Der Gesinnungsmilitarismus der >kleinen Leute< im Deutschen Kaiserreich. In: Wolfgang Wette Hg.: Der Krieg des Kleinen Mannes, München 1992, S. 95 ff.

[28] Elmar Stolpe: Wilde Freude, fürchterliche Schönheit. Die romantische Ästhetisierung des Krieges. In: Marcel v. d. Linden: Kriegsbegeisterung und mentale Kriegsvorbereitung, Berlin 1991, S. 37 ff.

[29] Vgl. Klaus Latzel: >Schlachtbank< oder >Feld der Ehre<? Der Beginn des Einstellungswandels gegenüber Krieg und Tod 1756 – 1815. In: Wolfram Wette Hg.: Der Krieg des Kleinen Mannes, München 1992, S. 83. Latzel weist hier nach, daß die Vorstellungen vom "heiligen Krieg" und vom "Opfer auf dem Altar der Nation" bereits im politisch-religiösen Verständnis zur Zeit des nationalen Befreiungskrieges gegen die napoleonische Fremdherrschaft angelegt war.

[30] Vgl. Wolfgang J. Mommsen: Der Erste Weltkrieg und die Krise Europas. In: Gerhard Hirschfeld u. a. Hg.: >Keiner fühlt sich hier mehr als Mensch...<, Frankfurt a. M. 1996, S. 32. Auch dazu

Mommsen: Kultur und Krieg. Die Rolle der Intellektuellen, Künstler und Schriftsteller im Ersten Weltkrieg, München 1996.

[31] Andreas Vuckovic: "Wunderbare Katastrophe" Künstler im Ersten Weltkrieg, Berliner Morgenpost/Nr. 133, Feuilleton, S. 36. Ein Artikel zu einem Vortrag von W. J. Mommsen im Berliner Wissenschaftskolleg zur Haltung und Rolle der künstlerischen Avantgarde in Deutschland zum Ersten Weltkrieg zwischen 1914 – 1916.

2.2 "Wirklichkeit" des modernen Krieges

Daß Krieg eine konkrete Bedrohung für das eigene Leben bedeutet, war allen Beteiligten, die Ende 1914 auszogen, bekannt und wohl auch bewußt. Die Motive der 1,3 Millionen Kriegsfreiwilligen im August[1] reichten dabei von Abenteuerlust und Pflichtgefühl gegenüber der Nation bis zur Vaterlandsliebe und zum Patriotismus.[2] Eingezogen in die Kasernen des "Kommis" erlebten die meisten Kriegsfreiwilligen aus ihrer Perspektive die erste große Desillusionierung[3], wie Carl Zuckmayer so treffend die Stimmung der Kriegsfreiwilligen beschrieb, stürzte sie in die "Zwangsjacke der preußischen Uniformen" auf den Kasernenhöfen und Übungsplätzen, wo der routinemäßige Schliff der Kasernenoffiziere sie zu richtigen Soldaten machen sollte.[4] Männer glaubten sie nun zu werden oder zu sein.[5] Ihre jetzige Welt bewegte sich zwischen Befehl und Gehorsam, militärischer Herrschaft und Unterordnung.[6] Die anfänglich karnevalistische Fröhlichkeit bei Ausbruch des Krieges hatte die realen Vorstellungen darüber verschleiert, wie ein Krieg sein würde.[7] Bereits kurze Zeit nach Beginn des "Vernichtungskrieges"[8] wurde dieser zum Zermürbungskrieg zwischen den Gegnern. Dabei kam es auch zu Grausamkeiten, die den Krieg in seinen unmittelbaren Schrecknissen verschärften.

Nach den Plänen der Generalität und deren Erfahrungen mit militärischen Konflikten aus dem vergangenen Jahrhundert sollte dieser Krieg nur kurz dauern[9] und in einem offensiven, aber verlustreichen Kampf gewonnen werden.[10] Ausgerichtet im militärischen Denken auf die Kriegskunst des 19. Jahrhunderts und seine Entscheidungsschlachttheorie wurde davon ausgegangen, den Krieg geographisch wie zeitlich und unter Ausschluß Nichtbeteiligter begrenzen zu können.[11] Das war mit der Wirklichkeit des modernen Krieges nicht mehr vereinbar. Ernst Jünger analysierte 1930 in seinem Sammelband "Das Antlitz des Krieges" rückblickend: "Die Heere, die am Tag der Mobilmachung in Marsch gesetzt wurden, waren noch die Heere des 19. Jahrhunderts, Heere der bürgerlichen Welt, deren Kampfkraft bei kriegerischen Auseinandersetzungen auf das System der allgemeinen Wehrpflicht gegründet war. [...] Dennoch zeigte sich im Verlauf dieses Krieges, daß weit umfassendere Reserven in Anspruch genommen werden mußten als jene, die im Begriff der allgemeinen Wehrpflicht enthalten sind."[12] Das am Beginn des Krieges noch ausschließlich von den elitär-aristokratischen Gruppen geführte Heer veränderte im Verlaufe des Krieges seinen äußeren wie inneren Zustand. Hohe Verluste an der Westfront, der Verlust an ideologischer Sinngebung für den Krieg, unübersehbar gewordene Mißstände sowie eine ausgeprägte Sehnsucht nach Frieden am Ende des Krieges beeinflußten nachhaltig die soziale Struktur und die geistige Stabilität des Heeres.[13] Eine daraus folgende Verweigerungshaltung und potentielle Revolutionierung eines Teiles der Soldaten war das unübersehbare Resultat von vier Jahren Krieg.[14] General Groener kam im November 1918 zu der polemischen Einschätzung, daß die revolutionäre Bewegung in Armee und Heimat mit den Truppen des "reinen Volksheeres", zu dem die alte kaiserliche Armee längst geworden war, nicht mehr niederzuschlagen wäre.[15] Was General Groener hier mit dem Begriff des "reinen Volksheeres" noch negativ bewertet, erklärt E. Jünger in seinem Werk "Der Arbeiter" zur "[...] Kraft und Reserve im [kommenden] Krieg."[16] Der vierte Stand, der Stand der Arbeiter, wie Jünger ihn bezeichnete, sollte im Soldaten der Zukunft aufgehen, gleichsam mit ihm verschmelzen und die neue geheime Macht Deutschlands werden.[17]

Die aristokratisch-militärische Führung des Ersten Weltkrieges nahm für sich in Anspruch, der moralisch legitime Vertreter nationaler Interessen zu sein. In eitler Selbstüberschätzung fühlte sie sich allen kommenden Aufgaben gewachsen. Wehrpsychologische Ansätze und Gedanken tauchten auf und vertieften sich im Verlauf des Krieges weiter.[17] Eine Psychologie der Soldatenauslese erhitzte dabei zunehmend das Interesse in der militärischen Praxis. Denn: "Bevor ein Mensch Soldat werden kann, [...] setzt das die Auswahl des geeigneten Menschen [...] für die [...] verschiedenen Soldatenarbeiten (wie Marschieren, Schießen, Fahren, Fliegen usw.) voraus."[19] Die sich in allen Bereichen der Kriegsführung vollziehenden Veränderungen wurden schon sehr kurz nach Beginn des Krieges für die deutsche Militärführung sichtbar. Da war zunächst das Scheitern der militärischen Angriffspläne im Westen. Der Gegner sollte in einem schnellen Bewegungskrieg umfaßt und vernichtet werden, was trotz der Verletzung des Völkerrechtes gegenüber der Neutralität Belgiens mißlang. Statt dessen mündeten die Angriffe in einem Stellungskrieg. Die schnelle Erschöpfung der Soldaten und eine zunehmende Ausbeutung der Landesressourcen waren die spürbaren Folgen.[20] Die Konfrontation mit der vernichtenden Feuerkraft geballt auftretender und neuer Waffensysteme überforderte nicht nur die Soldaten, sondern auch die militärische Führung.[21] Sturmangriffe der Infanterie in Schützenketten über blumenbesetzte Wiesen und ährentragende Felder, vorbei an lichten Baumgruppen, all das gehörte ab sofort der Vergangenheit und ihren romantisch verklärten Bildern an.[22] Um so mehr brauchte die militärische Führung motivierende Siege an den Fronten, um die Moral und

Kampfkraft der Truppen zu erhalten und zu stärken. Die psychologische Wirkung des ersten großen Rückzuges der deutschen Truppen zur Aisne-Linie nach der Marneschlacht im Spätsommer 1914 muß beträchtlich gewesen sein. Für die militärische Führung bedeutete dieser Rückzug nicht nur den Verlust der Angriffsinitiative, er ließ die Front faktisch erstarren. Um das militärische Versagen zu kaschieren vor dem Kaiser, der Truppe und dem Volk, brauchte sie wenigstens einen propagandistischen Sieg. Ein in Wirklichkeit verlustreicher und erfolgloser Versuch im Oktober und November 1914, in Flandern einige Stellungen in der Nähe von Ypres zu erobern, wurde zur Legende von Opferbereitschaft und Todesmut gemacht,[23] obwohl der militärisch unbedeutende Sieg durch überwiegend schlecht ausgebildete und ausgerüstete junge, freiwillige Soldaten von Offizieren ohne ausreichende Geländekenntnisse und mit mangelnden militärtaktischen Fähigkeiten mit hohen Verlusten erreicht wurde. Der hier entstandene Mythos von Langemarck erwies sich für die deutsche Generalität zukünftig als propagandistisches Meisterwerk.[24] Der "wirkliche" Krieg im Westen spielte sich für die Frontsoldaten, resultierend aus den ersten Niederlagen und nach dem Scheitern des "Schliefen-Planes", im Schützengraben ab. Darauf waren die Frontsoldaten und die militärische Führung nicht vorbereitet.[25] Die Armeen mußten sich nach dem kurzen Bewegungskrieg in ihren Schützengräben verschanzen. Von dort aus führten sie über das bereits zerschossene und mit militärischen Hindernissen angelegte Feld ihre verlustreichen Angriffe. Maschinengewehre, Granatwerfer, das Trommelfeuer der Artillerie, Gaseinsätze, Fesselballons, Flugzeuge und in der Endphase die Tanks kennzeichneten den Alltag der Frontsoldaten in den vordersten Linien. Schmerzen und Verwundungen, der Verlust der psychischen und physischen Kräfte, Dreck, Regen, Schlamm und der Schrecken des Todes in allen möglichen Varianten begleiteten die Tage und Nächte der Soldaten. Sie lebten in Erdlöchern und Höhlen, in verlausten Behausungen oder unter freiem Himmel in Gesellschaft unzähliger Ratten und verharrten dabei im Warten auf einen schicksalhaft erwarteten Tod. Planloses Geschützfeuer von Granaten aller Art und Gefährlichkeit wechselten wie scheinbar nebenbei ihre Bahnen, um zu töten. Die Anwesenheit des Gegners war oft nur noch durch die unsichtbare Hand des Todes spürbar, direkter Kontakt mit den Gegnern fand selten statt. Nachts krochen die Soldaten in kleinen Gruppen in das sogenannte Niemandsland zwischen die Linien über Stacheldraht und Granatlöcher hinweg, um Gefangene zu machen oder die Lage zu erkunden und Informationen über die Pläne der Gegner zu erlangen.[26] Bei diesen Unternehmungen waren sie oft dem Tod geweiht. In periodischen Abständen erfolgten allgemeine Offensiven, die mit großem Materialeinsatz vorbereitet wurden, dann aber in ihrer Wucht nicht ausreichten, dem mitdenkenden Gegner einen empfindlichen Schlag zu versetzen. Neue Taktiken wie die der Stroßtruppangriffe folgten. Sie waren aber in ihrem militärischen sowie geländemäßigen Gewinn ebenso erfolglos wie gering[27], die Verluste dafür gewaltig. 1915 verzeichneten die Franzosen 1,4 Millionen Tote. In der Schlacht um Verdun verloren die Deutschen allein 336.000 Soldaten. In der Sommeschlacht 1916 beklagten die Alliierten die noch gewaltigere Anzahl von 614.000 gefallenen Soldaten, und die deutsche Seite mußte Verluste von 650.000 Soldaten hinnehmen.[28] Von November 1914 bis März 1918 passierte an der Westfront wenig militärisch Nutzvolles. Offensiven und Gegenoffensiven mit unvorstellbaren Verlusten endeten in Schlächtereien mit immer wirkungsvolleren Waffen. Eine entscheidende Veränderung der Frontlinien brachten diese zu keinem Zeitpunkt.[29] In der Auseinandersetzung im Osten hingegen gelang es der deutschen Heeresführung, gegen die Russen einen taktischen Sieg in der Anfangsphase des Krieges zu erreichen. Das war im Gegensatz zu dem militärischen Scheitern im Westen insofern von propagandistischer Bedeutung, weil der Erfolg der Schlacht von Tannenberg zu einem weiteren nationalen Mythos umfunktioniert werden konnte.[30] Dieser Erfolg vertiefte in seiner weit über die militärisch und zeitlich hinausgehende Bedeutung zugleich nationale Vorurteile gegen die slawischen Völker.[31] Dieser slawische Gegner wurde beispielsweise in unrealistischer Weise zum idealen Soldaten des Rückzuges typisiert. Der Mythos vom militärischen Genie und der Unbesiegbarkeit der deutschen Armeen unter ihren Befehlshabern, General Hindenburg und Generalmajor Ludendorff, wurde hier geschaffen.[32]

Die Mythen von gewonnenen, aber militärisch nutzlosen Schlachten und solchen, die dazu gemacht wurden, waren die verdrängte Wirklichkeit einer elitären Offizierskaste und das propagierte Bild der wilhelminischen Öffentlichkeit. Vor allem der Tannenberg-Mythos war im Gegensatz zu den Mythen von Langemarck und Verdun auf die Überhöhung der Rolle der militärischen Führung während des Krieges ausgerichtet.[33] Den einfachen Soldaten an der Front hingegen bedrängten andere Sorgen, in erster Linie die des Überlebens in einem modernen Krieg. In dem sich wiederholenden Ablauf von scheinbarer Ruhe und ständiger Bedrohung des eigenen Lebens verlor der wohl größte Teil der Soldaten nicht nur den Sinn am Krieg selbst, sondern auch den Sinn am Leben überhaupt.

Der erste "totale" Krieg war in seiner Wirklichkeit für den einzelnen Frontsoldaten nur begrenzt wahrnehmbar. Denn das Ausmaß der Wahrnehmungen war für diesen abhängig von den konkreten Ereignissen und deren Wirkungen. Der Grad der Technisierung des Krieges bestimmte dabei die Intensität und die Geschwindigkeit der Ereignisse. Das Sterben war qualvoll im Angesicht des eigenen möglichen Todes und beim Anblick der zu Tode Gekommenen.[34] Zum propagandistischen Schlachtengebrüll aus Übermut kam nun das Gebrüll aus Angst vor Tod und Verwundung in der Schlacht. Daneben erhob sich mit Eintreten des Stellungskrieges ein Zustand des Wartens. Stellungskrieg war das Warten auf den Beginn des Angriffes gegen die Erdfestungen des Gegners, ein Warten auf das Ende des Trommelfeuers, des Gegenangriffs und auf das Ende, den Tod. Zu diesem Warten kam der Zustand der Einsamkeit im Angesicht des Überlebenskampfes. Die Bewußtseinslage der Frontsoldaten spielte sich nur noch in den Dimensionen zwischen Tod und Überleben ab. Aus dem angeblich heroischen Todes-Trieb aus Opferbereitschaft wurde ein Überlebens-Trieb im tödlichen Alltag. Er blieb für die meisten Soldaten bis zum Ende des Krieges zentrales Motiv der eigenen Handlungen.[35] Diese Schrecken wurden zum Dauerzustand und veränderten nicht nur den physischen Zustand der Frontsoldaten, sondern auch den psychischen.[36] Daraus projizierten sich zunehmend eine "gläubige Hingabe" an das Schicksal, eine Hoffnung auf Gott[37] sowie verschiedenste Formen von Verweigerungen.

Die nachträglichen Erinnerungen verklärten sich zu einer geschlossenen Metaphorik, die die realen Schrecken des Krieges in einen naturhaft-elementaren Vorgang uminterpretierten.[38] Das Fronterlebnis konnte so aus seiner unmittelbaren Wirklichkeit herausgehoben werden. Die Erfahrungen des Krieges wurden damit nicht nur jeder Reflexion entzogen, die seine Ursachen, Zielsetzungen und Bedingungen hätte erklären können, sondern die Spuren der Erinnerungen an die realen Schrecken wurden im Gegenteil verdrängt und gelöscht.

Anmerkungen:

[1] Zu den Zahlen, wieviele Kriegsfreiwillige es im August gab, liegen unterschiedliche Angaben vor. Vgl. dazu Reinhard Rürup: Der "Geist von 1914" in Deutschland. In: Bernd Hüppauf Hg.: Ansichten vom Krieg, Königstein/Ts., S. 3. Bernd Ulrich: Die Desillusionierung der Kriegsfreiwilligen von 1914. In: Wolfram Wette Hg.: Der Krieg des Kleinen Mannes, München 1992, S. 114. Ulrich zweifelt hier die 1,3 Millionen Kriegsfreiwilligen an und legt 1997 die Zahl für Preußen als Grundlage einer neuen Berechnung vor. Dazu auch Ulrich/Ziemann: Das soldatische Kriegserlebnis. In: Wolfgang Kruse: Eine Welt von Feinden. Der große Krieg 1914 – 1918,

Frankfurt a. M. 1997, S. 132. Danach gab es in den ersten zehn Mobilmachungstagen im August 1914 insgesamt 260.672 Kriegsfreiwillige in Preußen, das das größte Kontingent der Armee stellte.

[2] Ulrich/Ziemann Hg.: Frontalltag im Ersten Weltkrieg, Frankfurt a. M. 1995, S. 39

[3] Bernd Ulrich: Die Desillusionierung der Kriegsfreiwilligen. In: Wolfram Wette Hg.: Der Krieg des Kleinen Mannes, München1992, S. 116.

[4] Carl Zuckmayer: Als wär´s ein Stück von mir. Horen der Freundschaft, Frankfurt a. M. 1969, S. 168, zitiert nach Ulrich/Ziemann Hg.: Frontalltag im Ersten Weltkrieg, Frankfurt a. M. 1995, S. 35.

[5] Vgl. George L. Mosse: Gefallen für das Vaterland. Nationales Heldentum und namenloses Sterben, Stuttgart 1993, S. 82.

[6] Dolf Sternberger: Herrschaft und Vereinbarung, Frankfurt a. M. 1986, S. 16 f.

[7] Gordon A. Craig: Geschichte Europas 1815 – 1980. Vom Wiener Kongreß bis zur Gegenwart, München 1983, S. 360.

[8] Thomas Rohkrämer: Der Gesinnungsmilitarismus der kleinen Leute. In: Wolfram Wette Hg.: Der Krieg des Kleinen Mannes, München 1992, S. 106 f.

[9] Gordon A. Craig: Geschichte Europas 1815 – 1980. Vom Wiener Kongreß bis zur Gegenwart, München 1983, S. 360.

[10] Ulrich/Ziemann: Das soldatische Kriegserlebnis. In: Wolfgang Kruse Hg.: Eine Welt von Feinden, Frankfurt a. M. 1997, S. 135.

[11] Herfried Münkler: Gewalt und Ordnung. Das Bild des Krieges im politischen Denken, Frankfurt a. M. 1992, S. 30 ff.

[12] Ernst Jünger: Das Bild des Großen Krieges. In: Ders. Hg.: Das Antlitz des Krieges. Fronterlebnisse deutscher Soldaten, Berlin 1930, S. 239.

[13] Vgl. Wolfgang Kruse: Krieg und Klassenheer. Zur Revolutionierung der deutschen Armee im Ersten Weltkrieg. In: Geschichte und Gesellschaft, 22. Jg./Heft 4, 1996, S. 531.

[14] Ebd., S. 549.

[15] Herfried Münkler: Gewalt und Ordnung, Frankfurt a. M. 1992, S. 67.

[16] Vgl. Ernst Jünger: Der Arbeiter. Herrschaft und Gestalt, Berlin 1932.

[17] Ernst Jünger: Das Bild des Großen Krieges. In: Ders. Hg.: Das Antlitz des Krieges, Berlin 1930, S. 239.

[18] E. Fischer-Homberger: Die traumatische Neurose. Vom somatischen zum sozialen Leiden, Bern 1975, S. 105 ff, S. 136 ff. und S. 151 ff.

[19] Werner Fritscher Hg.: Dokumente zur Deutschen Wehrpsychologie 1914 – 1945, München 1990, S. 18 f.

[20] Vgl. Ulrich/Ziemann Hg.: Frontalltag im Ersten Weltkrieg, Frankfurt a. M. 1995, S. 63 f., S. 114 f. Auch Wolfgang Kruse Hg.: Eine Welt von Feinden, Frankfurt a. M. 1997, S. 132 ff.

[21] Vgl. Ulrich/Ziemann Hg.: Frontalltag im Ersten Weltkrieg, Frankfurt a. M. 1995, S. 86 ff.

[22] Vgl. Elmar Stolpe: Wilde Freude, fürchterliche Schönheit. In: Marcel v. d. Linden u. a. Hg.: Kriegsbegeisterung und mentale Kriegsvorbereitung, Berlin 1991, S. 37 ff.

[23] Karl Unruh: Langemarck. Legende und Wirklichkeit, Koblenz 1986. Auch Bernd Hüppauf: Langemarck, Verdun and the Myth of a New Man in Germany after the First World War. In: War & Society, Bd. 6, Nr. 2, September 1988, S. 70 ff.

[24] Vgl. Bernd Hüppauf: Schlachtenmythen und die Konstruktion des >neuen Menschen<. In: Gerhard Hirschfeld u. a. Hg.: >Keiner fühlt sich hier mehr als Mensch...< Erlebnis und Wirkung des Ersten Weltkrieges, Frankfurt a. M. 1996, S. 55 ff.

[25] Ulrich/Ziemann Hg.: Frontalltag im Ersten Weltkrieg, Frankfurt a. M. 1995, S. 57.

[26] Gordon A. Craig: Geschichte Europas 1815 – 1980, München 1983, S. 364.

[27] Vgl. Ulrich/Ziemann Hg.: Frontalltag im Ersten Weltkrieg, Frankfurt a. M. 1995, S. 47, Brief vom 18. Oktober 1914, S. 50, Dok. 12 a, S. 53, Dok. 13 b, S. 77, Dok. 19 a, S. 85, Dok. 19 j u. 19 k, S. 88, Dok. 20 d u. 20 e, S. 89, Dok. 20 f, S. 90, Dok. 20 h f., S. 95, Dok. 20 j.

[28] Gordon A. Craig: Geschichte Europas 1918 – 1980, München 1983, S. 365.

[29] Golo Mann: Deutsche Geschichte des 19. und 20. Jahrhunderts, Frankfurt a. M. 1992, S. 563.

[30] Vgl. dazu Dr. Martin Lexius: Hindenburg. Erinnerungen maßgebender Militärs und Politiker sowie Regimentsgeschichten. In: Sturm-Zigaretten-Fabrik GmbH Dresden Hg. Bearbeitet unter Verwendung von Quellen des Reichsarchivs Potsdam, Dresden 1934, S. 33 – 73.

[31] Golo Mann: Deutsche Geschichte des 19. und 20. Jahrhunderts, Frankfurt a. M. 1992, S. 563.

[32] Gordon A. Craig: Geschichte Europas 1918 – 1980, München 1983, S. 365.

[33] Bernd Hüppauf: Schlachtenmythen. In: Gerhard Hirschfeld u. a. Hg.: >Keiner fühlt sich hier mehr als Mensch...<, Frankfurt a. M. 1996, S. 88.

[34] Otto Germar: Trommelfeuer. In: Ernst Jünger Hg.: Das Antlitz des Krieges, Berlin 1930, S. 29.

[35] Bernd Hüppauf: Schlachtenmythen. In: Gerhard Hirschfeld u. a. Hg.: >Keiner fühlt sich hier mehr als Mensch...<, Frankfurt a. M. 1996, S. 88.

[36] Ebd.

[37] Ulrich/Ziemann Hg.: Frontalltag im Ersten Weltkrieg, Frankfurt a. M. 1995, S. 48 ff. u. S. 98, Dok. 20 l, S. 99, Dok. 20 m, S. 100, Dok. 20 n.

[38] Karl Prümm: Die Literatur des Soldatischen Nationalismus der 20er Jahre (1918 – 1933), Kronberg/Ts. 1974, S. 126.

2.3 Erfahrungen der Frontkameradschaft

"Als Wesenskern des Fronterlebnisses wird immer die Kameradschaft bezeichnet."[1] Die Fronterfahrungen der Kameradschaft im Ersten Weltkrieg waren auf der einen Seite ein persönliches und subjektives Erlebnis. Auf der anderen Seite waren sie auch ein Erlebnis allgemeiner Erfahrungen.[2] Für die Beurteilung der Frontkameradschaft ist es von Bedeutung zu unterscheiden, mit welchen Motivationen die Soldaten am Krieg teilnahmen, wo sie ihre Kriegs- und Fronterfahrungen machten, in welchen Funktionen sie in das Kriegsgeschehen eingebunden waren und welche zeitlichen Räume diese Erlebnisse umfaßten.[3] Die soziale Vorkriegsprägung, die Nähe zu den Ereignissen sowie deren Verlauf bestimmten dabei die konkreten Handlungen und Erfahrungen mit der soldatischen Kameradschaft. Hier spielte neben den moralischen Wertvorstellungen der wilhelminischen Zeit die Idee von der Verwirklichung persönlicher Männlichkeit eine besondere Rolle.[4] Der ideale Deutsche habe danach einen vollendet geformten Körper, könne sich beherrschen, sei bescheiden, zurückhaltend, anständig und gerecht im Alltag wie im Kampf.[5] Solche ästhetischen, aber eher unpolitischen Wertvorstellungen fanden vorwiegend bei der bürgerlich geprägten Jugend von 1914 Anklang. Männlichkeit war für sie ein Ausdruck von Stärke und Tatkraft, die sie in der wilhelminischen Gesellschaft vermißten. In der Jugend verkörperte sich die "lebendig gewordene Energie", wie Ernst Jünger rückblickend formulierte.[6] Im Kern verschmolzen hier individuelle Bedürfnisse der Jugend zur Flucht aus der bürgerlichen Trivialität mit ihren Normen und eine bedingungslose Unterordnung unter die kollektiven Maßstäbe einer militarisierten Gesellschaft. In der Übertragung auf die militärischen Bedingungen im Krieg hieß das, daß ein Soldat dann männlich war, wenn er Gleichmut und Tatkraft aus Triebsicherheit besitzt, wenn er fromm ist und im Krieg einen höheren Sinn entdecken kann. Er sollte außerdem pflichtgetreu mit Mut und Tapferkeit die Schrecken des Krieges aushalten und mit Wagemut und schnellem Handeln die Klarheit für sein Tun nicht verlieren. In "tiefer Einsicht" für seine Handlungen sollte er darüber hinaus sein Schicksal auf Gedeih und Verderben ertragen können. "Will er ein Held sein", so in einer verklärenden Rückschau von Bruno H. Jahn über soldatische Tugenden von 1936, so "[...] muß er mehr leisten als die bloße Pflicht, die von ihm verlangt wird."[7] Der Krieg war aus dieser Perspektive eine Prüfung für die sogenannten männlichen Eigenschaften als ein entscheidendes Element der Kameradschaft im Kriege.[8] Der Kampf wurde zur männlichen

Bewährungsprobe stilisiert, die Illusion von der Überwindung der gesellschaftlichen Antagonismen in der Armee das propagierte Ideal im öffentlichen Diskurs. Die Aussicht, für ein kollektives Ziel zu kämpfen und zu sterben sowie sich vor den anderen Kameraden im Kampf zu bewähren, war ein wesentliches Merkmal der Kriegsideologie des Ersten Weltkrieges. In seiner psychosozialen Funktion bot die Kameradschaft aber auch Schutz vor den persönlichen Todesängsten des einzelnen Soldaten, weil der individuelle Tod jetzt in ein Gemeinschaftserlebnis eingebunden werden konnte.[9] Die Idee einer männlichen und im Kampf erprobten soldatischen Kameradschaft wurde nach dem Krieg zu einem tragenden Bestandteil der nationalistischen Ideologie.[10] Bei genauerem Hinsehen begründete sich die sogenannte Frontkameradschaft aber in erster Linie aus dem gegenseitigen Angewiesensein und der Abhängigkeit der Soldaten untereinander. Das war die überwiegend tatsächliche Situation der Kameradschaft und nicht jene, wie sie in der nationalistischen Kriegsliteratur der 20er Jahre in pathetisch überhöhter Weise zum Gemeinschaftserlebnis stilisiert wurde. Die Frontkameradschaft wurde auch von der hierarchischen Befehlsstruktur des Militärs geprägt. Besonders die sogenannte "Schützengrabengemeinschaft", wie sie zwischen Offizieren und Mannschaften bestanden haben soll, unterlag dabei Widersprüchen.[11] In Abhängigkeit von den Leistungen der Offiziere an der Front und einer daraus resultierenden Anerkennung bei den Soldaten war auch ein emotionaler Zusammenhalt zwischen Offizieren und ihren Mannschaften durchaus möglich. Die daraus abgeleitete und anerkannte "Führerschaft" der Offiziere gab den Erfahrungen der Frontkameradschaft ihren elitären Charakter schon während des Krieges. In solcher "Schützengrabengemeinschaft" schienen sich der propagierte Anspruch nach einer "Volksgemeinschaft" zu verwirklichen und die Klassenunterschiede durch sie beseitigt. Allein die Leistungen und Verläßlichkeit der Kameraden galten hier als Maßstab für Kampfgeist, Opferbereitschaft, Uneigennützigkeit und nationale Gesinnung.[12] Den vorgefundenen Bedingungen konnte sich der Einzelne nicht aktiv entziehen. Denn sein Überleben konnte davon abhängig sein. Und "[...] wer nicht aus Überzeugung kämpfte, fügte sich dem Gruppenzwang."[13]

Neben den militärischen Leistungen hatten die Soldaten einen konkreten Normen-Katalog zu erfüllen, der ihren Handlungsspielraum bestimmte. Ihr Verhalten war an die Situationen und die jeweiligen militärischen Führer gebunden. Befehlszwang, disziplinarische Kontrolle und Gruppenabhängigkeiten konnten sich zwar im Umfeld des gegnerischen Feuers auflösen und im Zweifelsfall beispielsweise gegen die eigenen Führer wenden.[14] Doch in kritischen Situationen überwogen die Sorgen um das eigene Überleben. Die Bedeutung des einzelnen Menschen ging im modernen Krieg wie in seiner militärischen Einheit weitgehend unter. Tod, Verwundungen und Krankheiten sorgten für eine hohe Fluktuation in der Truppe. Oft blieben kaum Zeit und Gelegenheit, seinen Mitkameraden persönlich näher zu kommen.[15] Die vielbeschworene und idealisierte Kameradschaft konnte unter solchen Bedingungen nur zeitliches Versatzstück sein. Sie blieb in den meisten Fällen eine vom individuellen Überlebenswillen diktierte temporäre Zwangs- und Zweckgemeinschaft, die sich auf die jeweiligen Einheiten beschränkte. Sie reichte deshalb oft nicht weiter, als man unmittelbar aufeinander angewiesen war.[16] Im Krieg erlebten die Soldaten ihre Abhängigkeit von den Vorgesetzten drastisch. Die Militärorganisation blieb für sie eine weitgehend undurchsichtige und abstrakte übergeordnete Macht, deren Repräsentanten die Offiziere waren.[17] Die Offiziere beurteilten die Soldaten vor allem nach der Maßgabe ihrer Einsetzbarkeit.[18] Das verbitterte nicht nur viele Soldaten gegenüber ihre Vorgesetzten und den Krieg selbst, sondern sie empfanden sich dadurch auch einsam in ihrer Ohnmacht gegenüber dem militärischen Apparat. Für einen Teil der Frontsoldaten waren die sozialen Beziehungsgeflechte aus der Vorkriegszeit wesentlicher Bestandteil ihrer Frontkameradschaft. Die tatsächlichen oder möglichen Beziehungen der Soldaten untereinander hingen dabei oft davon ab, aus welchem sozialen Milieu sie kamen. Auch beeinflußten oder bestimmten die politischen Einstellungen den Umgang der Soldaten untereinander. Diese Kontakte halfen vielen Soldaten, ihre Einsamkeit und Isoliertheit in der Truppe und im Kampf zu überwinden oder zu verdrängen. Solche Beziehungen waren aber auch wichtig, um Kontakte mit der Heimat zu erhalten.

Die Korporierten, überwiegend Funktionsträger in der militärischen Hierarchie, waren besonders an der Aufrechterhaltung ihrer Kontakte aus der Vorkriegszeit untereinander wie zur Heimat sehr interessiert. Gemeinsamkeiten in den sozialen Voraussetzungen und Wertvorstellungen und Zugehörigkeit zu vor dem Krieg bestehenden Vereinigungen dienten ihnen als Basis zur Aufnahme von Verbindungen zu anderen Korporierten. Diese Gemeinsamkeiten bestimmten dabei als mentale Leitlinie ihr Verhalten bei Kriegsausbruch als auch bei der Auseinandersetzung mit den Schrecken des Grabenkrieges und ihren Umgang mit Tod und Verwundung. Ihre Gemeinschaft vermittelte ihnen nicht nur das Gefühl von Geborgenheit, sie diente darüber hinaus auch als Ventil für die Enttäuschungen des Krieges. Hier bot sich die

Möglichkeit, den Frontalltag zu verdrängen.[19] Ihr elitäres Bewußtsein sowie die Eingebundenheit in die militärische Hierarchie als deren Funktionsträger verhinderte dennoch weitgehend eine Integration in die "Schützengrabengemeinschaft" der Frontsoldaten.[20]

In dieser Welt mußte sich der Frontsoldat zurechtfinden und anpassen. Nachdem das nationale und heroische Pathos der Augusttage verflogen war, machte sich in fast rasendem Tempo eine massive Ernüchterung und Frustration unter den Soldaten breit, auch unter den Kriegsfreiwilligen.[21] Schnell legten sich Ängste und Zweifel über die wie im theatralischen Schauspiel bejubelte Kriegsfreude der Jugend, denn das Blutbad nahm seinen Lauf. Die Anziehungskraft der nationalen Botschaft vom >Burgfrieden< wurde von den ersten Schlachten an, besonders aber im Westen, erneut vom sozialen Klassengedanken überschattet.[22] Die Einsicht kam schnell, daß dies kein kurzer Krieg sein würde und daß die Beseitigung der sozialen Gegensätze in der Armee nur eine Illusion bleiben würde.[23] Die Kriegsrealität entsprach nicht dem Bild, das vor Ausbruch des Krieges öffentlich propagiert wurde. Anstatt heroischer Siege starben die Soldaten auf den Schlachtfeldern im Sturmlauf.[24] Weder körperliche Spannkraft oder nervliche Stärke noch hehre nationale Ziele oder der viel beschworene Patriotismus mit der Pflicht, für das Vaterland zu sterben, verbanden die Soldaten im wirklichen Grabenkrieg an der Front und führten zur vielbeschworenen Frontkameradschaft als entscheidendes Fronterlebnis, sondern der Glaube an die Schicksalhaftigkeit angesichts der unkalkulierbaren Ereignisse und Wirkungen des Krieges bestimmte ihre Fronterlebnisse.[25] Die soldatische Kameradschaft war ein nachträglich zum Ideal kollektiven Verhaltens stilisierter Zustand, der so in der Realität nie bestanden hat. Das begründet sich einmal aus der zwangsweisen Zusammensetzung der Einheiten, der enormen Fluktuation in diesen und ihren unterschiedlichen Einsatzorten, besonders mit Zunahme der Dauer des Krieges. Desweiteren verhinderten die sich in der militärischen Hierarchie widerspiegelnden sozialen Widersprüche der Gesellschaft nach wie vor die Überwindung der sozialen Gegensätze innerhalb der Armee. Die militärische Hierarchie verstärkte eher noch die persönliche Isolierung der Frontsoldaten. Es gab in der Regel keine über den militärischen Alltag hinausgehenden Beziehungen untereinander. Trotzdem ist aber auch gerade wegen der mentalen und geistigen Notlage vieler Frontsoldaten davon auszugehen, daß es in kleineren Gruppen und in Abgrenzung von anderen Einheiten einen Zusammenhalt gab, der über die eigentlichen soldatischen Handlungen hinausging. Solche Beziehungen bezogen sich aber im Rahmen der

Zwangsgemeinschaft oft auf Vorgänge, die vor allem das direkte Überleben sichern halfen[26], so zum Beispiel bei der Nahrungsbeschaffung und –verteilung.[27] Eine allgemeine Soldatensprache bemäntelte dabei die scheinbar vorhandene Kameradschaft und fand sich, in eine Metaphorik transzendiert, in der späteren Kriegsliteratur wieder.[28] Hier erlebte die soldatische Frontkameradschaft als wesentliches Fronterlebnis in pathetischen Bildern ihre Auferstehung und wurde zum Mythos eines neuen Nationalismus umfunktioniert. Das Fronterlebnis der Frontkameradschaft nahm im antidemokratischen Denken und bei der politischen Reaktion gegen die Weimarer Republik eine zentrale Stellung ein.[29]

Anmerkungen:

[1] Kurt Sontheimer: Antidemokratisches Denken in der Weimarer Republik, 4. Aufl., München 1994, S. 98.

[2] Gerhard Hirschfeld: Vorwort. In: Gerhard Hirschfeld u. a. Hg.: >Keiner fühlt sich hier mehr als Mensch...<, Frankfurt a. M. 1996, S. 9. Zur späteren Beurteilung der Kriegserlebnisse durch Kriegssammlungen sagt Hirschfeld: "Denn ob Erfahrungen oder Vorstellungen, immer ging und geht es dabei um Lebenswirklichkeiten, um subjektiv erlebte Geschichte, die sich nur allzu häufig einer objektiven Darstellung entzieht."

[3] Dazu Nicolaus Buschmann: Der verschwiegene Krieg. In: Gerhard Hirschfeld u. a. Hg.: Kriegserfahrungen. Studien zur Sozial- und Mentalitätsgeschichte des Ersten Weltkrieges, 1. Aufl., Essen 1997 (Schriften der Bibliothek für Zeitgeschichte, N.F., Bd. 5, S. 223). Buschmann beschreibt hier an Hand von Dankesschreiben Balinger "Frontbürger" in ihre Heimatstadt aus der ersten Kriegsphase vier milieuspezifische Wahrnehmungskategorien, die das Kriegserlebnis maßgeblich beeinflußten. Er bezieht sich dabei auf Hettling/Jeismann: Der Weltkrieg als Epos. Philipp Witkops "Kriegsbriefe gefallener Studenten". In: Hirschfeld u. a. Hg.: >Keiner fühlt sich hier mehr als Mensch...<, Frankfurt a. M. 1993, S. 185 f. In der Taschenbuchausgabe von Fischer 1996, S. 205 ff.

[4] George L. Mosse: Gefallen für das Vaterland. Nationales Heldentum und namenloses Sterben, Stuttgart 1993, S. 77.

[5] Ebd., S. 77.

[6] Ebd., S. 81. Mosse benutzt hier den Begriff der "lebendig gewordenen Energie" von Ernst Jünger. Dazu Anm. 18, S. 79.

[7] Bruno H. Jahn: Die Weisheit des Soldaten. Versuch einer Deutung und Einordnung. Nachauflage von 1936, Berlin 1943, S. 7 ff. Jahn war als Offizier Weltkriegsteilnehmer. In seinem Buch spiegeln sich zwar seine subjektiven Erfahrungen wider. Sie können aber für die stereotypen Beschreibungen, wie Soldaten zu sein haben, als Allgemeingut angenommen werden, wenngleich es sich auch hier um ein idealisiertes Bild handelt.

[8] Georg L. Mosse: Gefallen für das Vaterland. Nationales Heldentum und namenloses Sterben, Stuttgart 1993, S. 81.

[9] Thomas Rohkrämer: Der Militarismus der >kleinen Leute<. Die Kriegervereine im Deutschen Kaiserreich 1871 – 1914. In: Militärgeschichtliches Forschungsamt Hg.: Beiträge zur Militärgeschichte, Bd. 29, München 1990, S. 133. "Umgekehrt kam sofort Angst auf, wenn sich ein Soldat allein fühlte. Sobald er nicht mehr an der Stärke der Gruppe teil hatte, begann die Sorge um das eigene Wohl."

[10] Georg L. Mosse: Gefallen für das Vaterland. Nationales Heldentum und namenloses Sterben, Stuttgart 1993, S. 81.

[11] Dazu Ulrich Bröckling: Disziplin. Soziologie und Geschichte militärischer Gehorsamsproduktion, München 1997, S. 203. Bröckling spricht von einem "Zusammenrücken" in den Kampfverbänden zwischen den Gemeinen (einfachen Soldaten) und Offizieren in der Wut auf die sogenannten "Etappenschweine". Er ist der Auffassung, daß man von einer Klassen und militärische Ränge nivellierenden "Frontgemeinschaft" aber nicht sprechen könne. Dies sei nach 1918 ein ebenso wirkungsvoller wie politisch fataler Mythos im öffentlichen Diskurs über den Weltkrieg gewesen.

[12] Kurt Sontheimer: Antidemokratisches Denken in der Weimarer Republik, 4. Aufl., München 1994, S. 98 f.

[13] Thomas Rohkrämer: Der Militarismus der >kleinen Leute<. Die Kriegervereine im Deutschen Kaiserreich 1871 – 1914. In: Militärgeschichtliches Forschungsamt Hg.: Beiträge zur Militärgeschichte, Bd. 29, München 1990, S. 94.

[14] Ulrich Bröckling: Disziplin. Soziologie und Geschichte militärischer Gehorsamsproduktion, München 1997, S. 204.

[15] Ebd., S. 204.

[16] Ebd., S. 204. Dazu auch Paul Plaut: Psychographie des Kriegers. In: Beihefte zur Zeitschrift für angewandte Psychologie, Nr. 21: Beiträge zur Psychologie des Krieges, Leipzig 1920, S. 82.

[17] Ulrich Bröckling: Disziplin. Soziologie und Geschichte militärischer Gehorsamsproduktion, München 1997, S. 205.

[18] Dazu Rolf R. Bigler: Der einsame Soldat. Eine soziologische Deutung der militärischen Organisation, Frauenfeld 1963, S. 11 ff. Bigler kommt hier zu der Einschätzung, daß der Soldat als anonymer Befehlsvollstrecker in seiner Gleichgültigkeit ein ergebener "Problem- und Organisationsmann" gewesen sei und leitet daraus ab, daß sich der Soldat in einem Gefecht nachweislich eher passiv verhalten würde. Siehe auch Anm. 1, S. 12. Daß der Soldat gleichgültiger Befehlsvollstrecker ist, ist sicher nur bedingt annehmbar, wenn man bedenkt, daß Soldaten während eines Gefechtes bei Konfrontation mit dem Feind in einen sogenannten Blutrausch verfallen konnten und ihnen dabei Aggressions- und Haßgefühle nicht fremd waren, insbesondere wenn Kameraden in ein tödliches Handgemenge verwickelt waren. Hier empfanden Soldaten in ihrer Notgemeinschaft neben Aggressionen gegen den Feind auch ein Gefühl des Beistands und der Hilfeleistung, was als kameradschaftliches Verhalten interpretiert werden kann. Siehe dazu Thomas Rohkrämer: Der Militarismus der >kleinen Leute<, München 1990, S. 127. Die Passivität der Soldaten in einem Gefecht ist nachvollziehbar und ergibt sich zwangsläufig aus der Unübersichtlichkeit des Gefechtsfeldes, aber auch aus der Unnahbarkeit der Gegner. Denn die Soldaten waren bei feindlichem Beschuß zum Ausharren verurteilt. Das ist ein wesentlicher Zustand des modernen Krieges.

[19] Ute Wiedenhoff: "...daß wir auch diese größte Mensur unseres Lebens in Ehren bestehen werden". Kontinuitäten korporierter Mentalität im Ersten Weltkrieg. In: Gerhard Hirschfeld u. a. Hg.: Kriegserfahrungen, Essen 1997, S. 191 f.

[20] Dazu Kurt Sontheimer: Das Kriegserlebnis des Ersten Weltkriegs. In: Ders.: Antidemokratisches Denken in der Weimarer Republik, 4. Aufl., München 1994, S. 98 ff. Sontheimer sagt hier, daß das Kriegserlebnis im Schützengraben ausschlaggebend für den zum Mythos erhobenen Gedanken der Volksgemeinschaft wurde, dessen Wesenskern eben die Kameradschaft gewesen sein soll.

[21] Bernd Ulrich: Die Desillusionierung der Kriegsfreiwilligen von 1914. In: Wolfram Wette Hg.: Der Krieg des Kleinen Mannes, München 1992, S. 116.

[22] Bernd Ulrich: Die Desillusionierung der Kriegsfreiwilligen von 1914. In: Wolfram Wette Hg.: Der Krieg des Kleinen Mannes, München 1992, S. 118.

[23] Bernd Ulrich: Die Desillusionierung der Kriegsfreiwilligen von 1914. In: Wolfram Wette Hg.: Der Krieg des Kleinen Mannes, München 1992, S. 118.
[24] Richard Bessel: Kriegserfahrungen und Kriegserinnerungen Nachwirkungen des Ersten Weltkrieges auf das politische und soziale Leben in der Weimarer Republik. In: Marcel v. d. Linden u. a. Hg.: Kriegsbegeisterung und mentale Kriegsvorbereitung, Berlin 1991, S. 130.
[25] Dazu Philipp Witkop: Kriegsbriefe gefallener Studenten. Überarbeitete Ausgabe, München 1928, S. 33 – 34. Fast durchgängig wird hier die Hingabe an das Schicksal des möglichen eigenen Todes und die Hoffnung auf die Gnade Gottes, für eine rechte Sache zu sterben, beschrieben. Das eigene Verhalten wurde aus dieser Perspektive als Opferbereitschaft für das Vaterland gewertet.
[26] Vgl. dazu Erich M. Remarque: Im Westen nichts Neues, Frankfurt a. M. 1983, S. 163 f., Ernst Jünger: In Stahlgewittern, Berlin 1926, S. 74., P. E. Ettighoffer: Gespenster am toten Mann, Berlin 1937, S. 19 u. 34 f.
[27] Vgl. ebd. Beispiele dafür sind auch in zahlreichen anderen Erlebnisberichten der Kriegsliteratur, in Feldpostbriefen und späteren Aufzeichnungen sowie Romanen zu finden.
[28] Karl Prümm: Die Literatur des Soldatischen Nationalismus der 20er Jahre (1918 – 1933). Gruppenideologie und Epochenproblematik 1, Kronberg/Ts. 1974, S. 130 ff. Hier untersucht Prümm am Beispiel von Ernst Jünger, einem der wichtigsten Protagonisten der nationalen Kriegsliteratur, dessen theoretische Rechtfertigung des Krieges am Buch "Der Kampf als inneres Erlebnis". Dabei scheint Prümm wichtig, wie Jünger die Erlebnisse und Ereignisse des Krieges in eine metaphorische Sprache von Naturgewalten und Katastrophen überträgt. An anderer Stelle zeigt Prümm das Verhältnis der sogenannten "Frontgemeinschaft" zwischen militärischem Führer und Soldaten am Beispiel von Jüngers Buch "In Stahlgewittern".
[29] Kurt Sontheimer: Antidemokratisches Denken in der Weimarer Republik, München 1994, S. 93. Joachim Fest: Hitler. Eine Biographie, 1. Bd., Der Aufstieg, Frankfurt a. M. 1978, S. 209.

2.4 Feldpostbriefe

Für die Wahrnehmung, Deutung und Interpretation von Fronterfahrungen waren Feldpostbriefe wichtige Zeugnisse in der ideologischen Auseinandersetzung um die Fronterlebnis-Diskussion der 20er Jahre. Bereits bei Kriegsbeginn wurde erkannt, daß Feldpostbriefe mehr sind als nur private und persönliche Dokumente. Durch ihre rasche und zunehmende Publizierung in Zeitungen und Editionen gerieten sie schnell zu einem bedeutenden Bestandteil in der öffentlichen Darstellung des Krieges. Schon wenig später aber wurden sie dann zu Versatzstücken in der propagierten Erinnerung an den Krieg.[1] Die den Briefen dabei unterstellte Eigenschaft der Authentizität verschaffte ihnen einen hohen Quellenwert bei der Beurteilung über die angenommene Realität des Krieges, seinen Verlauf sowie seine emotionalen wie geistigen Auswirkungen auf den einzelnen Frontsoldaten. Zentrale Bedeutung erhielten sie durch ihre Unmittelbarkeit, ihre "[...] Nähe zum Geschehen".[2] Aus ihnen wurden vor allem Legitimationsformeln für die Öffentlichkeit geschöpft, durch die die Ziele und Sinndeutungen für den Krieg ihren Ausdruck finden sollten.[3] Die darin beschriebenen Erlebnisse im Krieg erhielten hier die gesellschaftlich erwünschte Funktionalisierung schon während des Krieges. Die in den Feldpostbriefen vermittelten "Wahrheiten" sollten die Erwartungen der Heimat auf einen erfolgreichen Feldzug und die ideologische Sinngebung für den Krieg bestätigen. Dabei fungierte das Medium Feldpostbrief als Mittler zwischen Front und Heimat.

Mit zunehmender Dauer des Krieges veränderten sich die in den Briefen vermittelten Bilder über die Kriegsrealität. Klagen und Beschwerden von Soldaten, wie auch aus der Heimat an die Front, nahmen ein großes Ausmaß an.[4] Solche Briefe im individuellen Austausch oder gar im öffentlichen Raum zu verhindern, war im weiteren Verlauf des Krieges das Ziel der militärischen Zensur. Vorgesetzte und Postüberwachungsstellen konnten nur begrenzt wirksam sein. Das Ziel aber, Briefeschreiber zu verunsichern, um negative Beschreibungen über ihre tatsächlichen Erlebnisse zu verhindern, konnte weitgehend erreicht werden. "Die bloß vermutete oder reale Zensur fungierte als Filter, der soldatischer Augenzeugenschaft vorgeschaltet war und ihrer Wirksamkeit im militärischen Kontext enge Grenzen zog."[5] In der Öffentlichkeit präsentierte Feldpostbriefe sollten positive Verarbeitungsmuster aufzeigen und sinnstiftend für den Krieg wirken. Durch sie sollte die kriegsbereite Aufbruchstimmung des August 1914 nacherlebbar, eine patriotische Gesinnung erkennbar gemacht und das Fronterlebnis nachdrücklich beschworen und euphorisch bejubelt werden.[6] Die Motive, Briefe von der Front in die Heimat zu schicken, waren dennoch vielfältiger, als es die durch die militärische Zensur und öffentlichen Medien gefilterten Darstellungen vermuten lassen. Nicht nur an Familien, öffentliche Einrichtungen oder Zeitungen wurde geschrieben, auch an Parteifreunde oder politische Vertreter in Reichs- und Landtagen. Solche Briefe waren in ihrem Inhalt oft ungeschminkter und direkter in ihren Aussagen über den Krieg und seine Schrecken. In ihnen kamen weit öfter Sinnkrisen zum Ausdruck. Sie waren in vielen Fällen verbunden mit Bitten, die im Brief angeprangerten Verhältnisse oder Zustände beim Militär abändern oder beseitigen zu helfen.[7] Auch anonyme oder in der Spätphase des Krieges sogenannte offene Briefe an öffentliche Persönlichkeiten wurden vereinzelt geschrieben und Drohungen geäußert.[8]

Erstaunlicherweise finden sich in den vorliegenden Quellen, Briefesammlungen, Dokumenten und Untersuchungen zu den Feldpostbriefen nur wenige Hinweise auf eine soldatische Kameradschaft. Außer über Vorgesetzte und damit oft im Zusammenhang stehende Mißstände finden sich kaum Aussagen, die den persönlichen Umgang der Frontsoldaten untereinander beschreiben oder darstellen. Den veröffentlichten Feldpostbriefen ist wohl im Hinblick auf die militärische Postzensur zu Recht zu unterstellen, daß sie in ihrer Vielzahl eher persönliche Wertungen und propagandistische Sinndeutungen wiedergaben, die der "Wirklichkeit" der Fronterfahrungen kaum entsprachen. Beschreibungen der Verwirklichung männlicher Eigenschaften im Krieg standen in solchen Briefen im Vordergrund.[9] Die mit der Kriegsfreiwilligkeit assoziierten Ideen einer männlichen Bewährungsprobe "[...] mündeten [in den Feldpostbriefen] in ein spezifisch deutsches "Sendungsbewußtsein", dem Kriegsbejahung und nationale Selbstüberschätzung zugleich eigen waren."[10] Gymnasiale Schüler mit Notabitur und korporierte Studenten nahmen dabei eine Vorreiterrolle ein. Sie waren Kriegsfreiwillige und nun freiwillige Briefautoren. Ihr bereits in der Vorkriegszeit angelegtes elitäres Gruppenverständnis sowie ihre Diktionen von Männlichkeit und Opferbereitschaft sollten sich in ihren Briefen mit dem in der Öffentlichkeit propagierten Fronterlebnis decken. "Jegliche Tätigkeit im Kriege ist kinderleicht auszuhalten, wenn man gleichgesinnte Kameraden um sich hat. Ein jeder von uns hat jetzt wohl den Wert seines Bundes einschätzen gelernt. Und diese Dankbarkeit [...] zeigen wir am besten durch Treue und Anhänglichkeit unter uns und dem Bunde."[11] Gewiß standen gerade die jungen Männer unter enormem Erwartungsdruck durch die Gesellschaft, wie Bernd Ulrich dazu ausführt. Gewiß bestimmte der elitäre Gruppengedanke der

Vorkriegszeit auch das Verhalten der jungen Männer an der Front und in der Truppe. Gewiß war dieser Erwartungsdruck auch Bedingung für die Kriegsfreiwilligkeit von so manchem. Eine außerhalb pathetischer Beschreibungen liegende Kameradschaft findet sich in den Kriegsbriefen jedoch kaum. Feldpostbriefe, besonders aus diesen sozialen Schichten und Gruppen, erhielten durch ihre zahlreichen Veröffentlichungen ein erhebliches Maß an Gewicht in der öffentlichen Darstellung des Krieges.[12] Aus ihnen leitete man im Rückblick auf den Krieg bevorzugt Vorstellungen vom "Aufbruch" der deutschen Jugend ab, deren "Erzieher" der Krieg gewesen sein soll. Eine authentische Abbildung des Krieges im Sinne einer "Frontgemeinschaft" haben die Feldpostbriefe aber nicht hervorgebracht. Vielmehr blieben die Briefe letztlich in ihrer Mehrzahl private Dokumente öffentlich nutzbar gemachter Augenzeugenschaft. Sie vermitteln trotzdem spezifisch kriegspsychologische Reflexionen der am Krieg Beteiligten und werden dadurch vieltausendstimmiges Echo eines alle bisherigen Vorstellungen übertreffenden Vernichtungskrieges, in den die ganze Gesellschaft eingebunden war.[13]

Eine auf gemeinsame Erfahrungen abzielende Verarbeitung des Fronterlebnisses findet sich in weit größerem Umfang in literarischen Publikationen wie Tagebüchern und Romanen. In ihnen wird das Fronterlebnis zum Gemeinschaftserlebnis umfunktioniert und aus seinen subjektiven Dimensionen in eine gemeinschaftsbildende Erfahrung gehoben.[14] Erst hier erlebt die Frontkameradschaft ihre ideologische Instrumentalisierung. Frontkameradschaft als idealisierte Grabengemeinschaft sollte ein organisches Ganzes im Sinne einer kriegerischen Volksgemeinschaft sein. Der daraus abgeleitete politische Anspruch gipfelte nach dem Ersten Weltkrieg in den Forderungen der ideologischen Fürsprecher der "Frontgeneration", besonders im rechten nationalen Spektrum der verschiedenen Bünde, nach dem "Staat der Frontsoldaten".[15] Hitler verkündete schon 1923, daß die nationalsozialistische Bewegung das Erbe der Frontsoldaten verwalte.[16] Die von einer kleinen Gruppe von Literaten und Publizisten getragene nationalistische, sozialdarwinistische und anthropologische Grundhaltung gegenüber dem Gesamtphänomen Krieg[17] hatte gegenüber der Bedeutung von Feldpostbriefen einen weit größeren Anteil an der nachträglichen Sinnstiftung des Krieges in der Weimarer Republik.[18] Die darin postulierte Glorifizierung des Krieges als Refugium gegen die militärische Niederlage wurde hier aus ihren Widersprüchen in eine vermeintlich positive Zukunft umgedeutet. Alte konservative Wertvorstellungen der wilhelminischen Zeit und ein neuer Nationalismus gingen hier eine Symbiose ein, die eine Zukunft abseits der republikanischen Verhältnisse propagierte. Dabei verwies man auf einen unausweichlich notwendigen und erneuten Krieg. Grundlage dafür wäre, ausgehend vom Gedanken der "Grabengemeinschaft" der Soldaten, eine nach militärischen Prinzipien geführte "Volksgemeinschaft" des zukünftigen Volksstaates.[19]

Feldpostbriefe unterlagen nicht nur einer Filterung aus persönlichen Gründen, sondern vor allem der wirksamen Filterung durch Postzensur und öffentliche Medien.[20] Kriegskritische Darstellungen und Beschreibungen sowie die Frage nach dem Sinn des Erlebten wurden in der Regel nicht veröffentlicht. Die veröffentlichten Feldpostbriefe unterlagen einer heroisch verpflichtenden Abbildung des Krieges, dessen fragmentarischer und ausgesuchter Erfahrungshintergrund für die Konstruktion eines "Fronterlebnisses" herhalten mußte, was den kommenden Krieg mit vorbereiten half[21] und dazu führte, daß dieses Potential nicht für eine demokratische Zukunft genutzt wurde.

Anmerkungen:

[1] Bernd Ulrich: Die Augenzeugen. Deutsche Feldpostbriefe in Kriegs- und Nachkriegszeit 1914 – 1933, Essen 1997, S. 11.

[2] Ebd., S. 13.

[3] Ebd., S. 34. Ulrich führt hier als Beispiel für die Frage nach der Legitimität und Glaubwürdigkeit von Feldpostbriefen ihre Funktionalisierung in der Öffentlichkeit an. Er bezieht sich dabei auf die "Idee von 1914". Feldpostbriefe von Kriegsfreiwilligen hätten danach vor allem "[...] der Ideologie eine authentisch-subjektive Grundierung verliehen."

[4] Vgl. dazu Wolfram Wette Hg.: Der Krieg des Kleinen Mannes, München 1992, Wolfgang Kruse Hg.: Eine Welt von Feinden, Frankfurt a. M. 1997, Hg.: Frontalltag im Ersten Weltkrieg, Frankfurt a. M. 1995, Bernd Ulrich: Die Augenzeugen, Essen 1997. S. 78.

[5] Bernd Ulrich: Die Augenzeugen, Essen 1997, S. 78.

[6] Hettling/Jeismann: Der Weltkrieg als Epos. Philipp Witkops >Kriegsbriefe gefallener Studenten<. In: Gerhard Hirschfeld u. a. Hg.: >Keiner fühlt sich hier mehr als Mensch...<, Frankfurt a. M. 1996, S. 206 f.

[7] Vgl. dazu Ulrich/Ziemann Hg.: Frontalltag im Ersten Weltkrieg, Frankfurt a. M. 1995, S. 117 ff., Dok. 28 b, Dok. 36 d. Auch Bernd Ulrich: Die Augenzeugen, Essen 1997, S. 63 ff.

[8] Ulrich/Ziemann Hg.: Frontalltag im Ersten Weltkrieg, Frankfurt a. M. 1995, S. 145 ff., Dok. 37 b, 37 d.

[9] Vgl. dazu Bernd Ulrich: Die Augenzeugen, Essen 1997, S. 171.

[10] Kriegsbriefe des Akademisch-Theologischen Vereins "Wartburg" zu Tübingen 1914 – 1918. Zitiert nach Bernd Ulrich: Die Augenzeugen, Essen 1997, S. 171, Anm. 189.

[11] Ebd., S. 171 f.

[12] Vgl. dazu Philip Witkop: Kriegsbriefe gefallener Studenten, München 1929. Dazu auch Hettling/Jeismann: Der Weltkrieg als Epos. Philipp Witkops >Kriegsbriefe gefallener Studenten<. In: Gerhard Hirschfeld u. a. Hg.: >Keiner fühlt sich hier mehr als Mensch...<, Frankfurt a. M. 1998, S. 205 ff. Hettling/Jeismann weisen darauf hin, daß die zwischen 1916 und 1942 dreimal veränderte

Briefsammlung Witkops die bekannteste in der Öffentlichkeit gewesen sei und daß sie als Vorbild für andere Editionen diente. Die Auflagenhöhe habe bis 1942 200.000 Exemplare erreicht. Die vielfältigen Rezeptionen der Sammlung in der Öffentlichkeit nach 1918 habe einen Zugriff auf Struktur und Funktion der Kriegserinnerung in der Weimarer Republik ermöglicht, S. 207. Witkops Briefsammlung ist aber nur ein Beispiel von vielen. Vgl. dazu Bernd Ulrich: Die Augenzeugen, Essen 1997, Quellen und Literatur, S. 315.

[13] Bernd Ulrich: Die Augenzeugen, Essen 1997, S. 305.

[14] Karl Prümm: Die Literatur des Soldatischen Nationalismus der 20er Jahre (1918 – 1933), Kronberg/Ts. 1974, S. 38.

[15] Ebd., S. 44.

[16] Hans Buchheim u. a. Hg.: Anatomie des SS-Staates, 6. Aufl., München 1994, S. 218. Zum Anspruch der Frontsoldaten auf die politische Neugestaltung der Weimarer Verhältnisse siehe auch Kurt Sontheimer: Antidemokratisches Denken in der Weimarer Republik, 4. Aufl., München 1994, S. 97. Zur Frontsoldatenideologie und Bedeutung des "Führerprinzips" bei den soldatischen Bünden u. a. Volker R. Berghahn: Der Stahlhelm. Der Bund der Frontsoldaten 1918 – 1935, Düsseldorf 1966, S. 97. Zur praktischen Tagespolitik militanter Wehrverbände in Zusammenarbeit mit den Nationalsozialisten siehe Joachim C. Fest: Hitler. Eine Biographie, Frankfurt a. M. 1976, S. 249 ff.

[17] Karl Prümm: Die Literatur des Soldatischen Nationalismus der 20er Jahre (1918 – 1933), Kronberg/Ts. 1974, S. 38 f.

[18] Bernd Ulrich: Die Augenzeugen, Essen 1997, S. 305. "Es stellte sich indessen schnell heraus, daß die damit verbundene Sicht auf diesen Krieg nicht oder kaum die Erinnerung an ihn zu prägen imstande war."

[19] Kurt Sontheimer: Antidemokratisches Denken in der Weimarer Republik, 4. Aufl., München 1994, S. 98.

[20] Vgl. Reinhart Koselleck: Der Einfluß der beiden Weltkriege auf das soziale Bewußtsein. In: Wolfram Wette Hg.: Der Krieg des kleinen Mannes, München 1992, S. 324 ff.

[21] Bernd Ulrich: Die Augenzeugen, Essen 1997, S. 305.

2.5 Frontalltag und psychische Auswirkungen

Die Erfahrungen der Soldaten des Ersten Weltkrieges unterschieden sich in radikaler Weise vom Kampfgeschehen früherer Kriege.[1] Das anwachsende Ausmaß der Technisierung des Krieges, die zeitlich unbestimmte Dimension der Kriegshandlungen, der Umfang der in das Kriegsgeschehen einbezogenen geographischen Räume sowie die grundlegende Erfahrung an der Front, daß das Überleben vom Zufall abhing, waren wesentliche äußere Bedingungen, in die sich der Soldat hineingestellt fand.[2] Neben einer weitgehenden Unnahbarkeit des gegenüberliegenden Gegners über das Niemandsland, dem phasenweisen Anschwellen der Kampfhandlungen in ein Trommelfeuer mit wechselnden Offensiven gehörte das Ausharren in den verwüsteten Frontabschnitten und die Dauerbedrohung des eigenen Lebens zum Alltag der Soldaten. Am extremsten wurden solche Destruktionserfahrungen bezeichnenderweise an der Westfront gemacht. Die in solche Bedingungen gestellten Soldaten sollten nach Ansicht der führenden Militärs in idealer Weise einen unzerstörbaren Angriffsgeist besitzen, durch den die Soldaten befähigt seien, weder vor den Gefahren des Feuers wegzulaufen noch vor ihm Deckung zu suchen.[3] Noch größer waren die Erwartungen des Militärs mit der Dauer des Krieges auf die "Stärke der Nerven" bei den Soldaten gerichtet. Das resultierte auch aus bereits gemachten Beobachtungen und Erfahrungen über psychische Störungen während der letzten Kriege von 1866 und 1870/71. Ihre praktische Umsetzung fanden diese Erfahrungen in nach sozialdarwinistischen Vorstellungen ausgelegten Musterungskriterien schon vor Beginn des Ersten Weltkrieges.[4] Gekoppelt an eine rasch um sich greifende Desillusionierung traten schon wenige Wochen nach Beginn des Krieges psychische Zusammenbrüche als Massenerscheinungen auf.[5] Und analog zur technischen Entwicklung und Bedeutung moderner Waffen nahm die Bedeutung der "seelischen Wirkungen des Krieges" auf die Soldaten zu.[6] Die konkreten Anforderungen des Krieges und seine psychischen Auswirkungen beschleunigten daher eine rasche Intensivierung der wissenschaftlich-psychologischen Auseinandersetzung mit den Folgen.[7] Das medizinisch-naturwissenschaftliche Interesse war hierbei im Gegensatz zu den konkreten Erfahrungen der Betroffenen vor allem von den politischen und ökonomischen Intentionen der Ausführenden abhängig.[8] Aber: "Sowohl die direkt Betroffenen des Krieges als auch jene, die ihn auf der Leitungsebene führten oder seine Opfer therapierten, griffen auf die "Nerven" als Gradmesser psychischer

Gesundheit zurück."[9] Die vorbehaltlose Umdeutung realer psychischer Kriegsschäden durch die medizinische Wissenschaft wie der politisch-militärischen Führung wurde im weiteren Verlauf des Krieges zum ideologischen Prinzip für den Durchhaltewillen der Soldaten erhoben. Therapeutische Ansätze und Behandlungsmethoden orientierten sich daran. Im Vordergrund stand dabei die Vorstellung, daß die Symptome dieser "Kriegsneurosen" therapierbar und die Wiederverwendbarkeit der Soldaten erreichbar seien. Wo das nicht gelang, unterstellte der behandelnde Arzt dem jeweiligen Soldaten "Drückebergerei" oder "Simulation".[10] Seinen sichtbarsten Ausdruck fand dies im "Feldzug gegen die Kriegsneurotiker".[11] Das Ausmaß der Symptome der Kriegsneurosen galt dabei als Ausdruck des Willens der Soldaten zum Kampf. Die Behandlung der "Kriegsneurotiker" wurde daher zum Kampf zwischen Arzt und Patienten. In der medizinisch-technischen Sprache der Neuropsychiater hieß das, "[...] die schwächste Stelle des Gegners erspähen, ihn im geeigneten Augenblick an dieser treffen und ihm eine "Niederlage" beibringen".[12] Die auffälligsten Symptome bei den Kriegsneurotikern waren der physische Zusammenbruch bis zur Bewußtlosigkeit, lethargische Zustände bis zum unvermittelten Einschlafen, selbst bei Trommelfeuer, traumhafte Dämmerzustände mit motorischen Entladungen, körperliches Erstarren sowie Krämpfe. Darüber hinaus waren sogenannte hysterische Erscheinungen weit verbreitet. Sie waren gekennzeichnet durch unkontrollierte Bewegungen bis hin zum Schütteln, teilweiser Lähmung und Empfindungslosigkeit einzelner Gliedmaßen, verschiedenartigen Muskelkrämpfen, u. a. Kopf- oder Liderzucken, Stottern, Gehstörungen, Sehstörungen und andere.[13]

Mit zunehmender Dauer des Krieges wurden immer mehr Soldaten von diesen Symptomen erfaßt. Die militärische Führung mußte sich um die Schlagkraft ihrer Armeen und deren nervliche und seelische Stabilität sorgen. Der Durchhaltewillen an der Front wie in der Heimat schien gefährdet. In dieser Situation ergriffen die Neuropsychiater erfolgreiche Initiative. Sie boten einen Behandlungskatalog an, der so recht die ideologischen Deutungsmuster der militärischen Führung für das massenweise "Versagen" der Soldaten an der Front zu bestätigen schien, daß nämlich die einfachen Soldaten nur durch noch stärkeren und individuellen Zwang die Bereitschaft zum Krieg wieder herstellen würden. Dementsprechend kam es gegenüber den psychischen Kriegsopfern zu Behandlungsmethoden wie Isolierung und Zwangsexerzieren sowie zur Anwendung von schmerzhaften elektrischen Schlägen.[14] Die sogenannte "Kaufmannmethode" legt davon beredtes Zeugnis ab.[15]

Bei dieser Behandlung kam nicht nur die tiefe Verachtung gegenüber dem "Material" Mensch zum Ausdruck.[16] Sie war im Hinblick auf die Kriegsopferversorgung auch ein bedeutender ökonomischer Faktor. Da die Mehrheit der durch direkte Kriegseinwirkungen psychisch Erkrankten einfache Soldaten war, ergab sich zunächst während des Krieges die Frage ihrer Wiederverwendbarkeit. Nach dem Krieg bestand dann das Problem ihrer massenhaften ökonomischen Unterhaltung neben den anderweitig Kriegsbeschädigten.[17] Die oft körperlich nicht sichtbaren Symptome verstärkten hier zusätzlich den Eindruck, es handele sich um "Drückeberger", deren "Krankheitswillen" gebrochen werden müsse. Auch hier offenbarte sich eine allgemeine und krasse Ungleichbehandlung zwischen den einfachen Soldaten und den ranghöheren Offizieren. Sie (die Offiziere) bedürften lediglich einer Schonung in kriegssicherer Entfernung, da sie nur an einer "nervösen Erschöpfung des von Hause aus gesunden Menschen" leiden würden.[18]

Neben der Kriegsneurotikertherapie fand die Psychoanalyse zunehmend Eingang als Behandlungsmethode. Mit Hilfe der Hypnose sollten die "eingeklemmten Affekte" aus dem Unbewußten befreit und in die Gesundheit als Erlösung hinübergeleitet werden.[19] Der so definierte Gesundheitsprozeß war dann erfolgreich, wenn die Soldaten den Kriegsdienst unvermindert aufnehmen konnten. War das im Ergebnis der Behandlungen nicht der Fall, konnten die Betroffenen der Militärjustiz überstellt werden. Das traf insbesondere auf Soldaten zu, die den hohen Anforderungen des technisierten Krieges nicht gewachsen waren. Sie galten mit ihren Angst- und Verweigerungshaltungen als potentielle "Störer" und "Versager", die nicht mehr funktional in die Militärmaschinerie zu integrieren und deshalb prophylaktisch auszumustern waren.[20] "Kriegszitterer", anlagebedingte "haltlose Affektmenschen", "Kriminelle" und "Entartete" konnten zusammengefaßt unter der Diagnose "konstitutionelle Psychopathie" disziplinarisch verfolgt, isoliert und bestraft werden, wenn kein "Gesundungswillen" bei den Betroffenen erkennbar wurde.[21] Der Wille zum Kampf, der das Töten und Sterben an der Front einschloß, war gleichzeitig Grundlage zur Beurteilung ihrer politischen Haltung. Die psychischen Opfer des Krieges, zumal aus den sozial unteren Schichten des Volkes, wurden aus dieser Perspektive als "vaterlandslose Gesellen" denunziert.[22] Eine von Seiten der Ärzte diagnostizierte Simulation spielte dann vor allem bei Militärstrafprozessen eine wichtige Rolle. Das spiegelte sich scharf im darauf bezogenen Sprachgebrauch zur Beurteilung der "straffälligen" Patienten in der Unterscheidung zwischen dem "Nichtkönnenwollen" oder "Nichtwollenkönnen" wider.[23] Die damit oft zu sozial

Unangepaßten oder politischen Dissidenten Stigmatisierten betrachtete und versammelte die deutsche Schulpsychiatrie im weiteren Verlauf des Krieges unter dem Sammelbegriff "Psychopathen". Das waren dann die "Erregbaren", die "Haltlosen", die "Triebmenschen", "Verschrobene", "Lügner und Schwindler", schlicht "Gesellschaftsgegner und Streitsüchtige".[24] Hinter solcher Diffamierung verbarg sich u. a. das ausgeprägte Interesse der Nervenärzte, den Forderungen der Militärs zu entsprechen, ungeeignete Soldaten bereits frühzeitig durch Musterungsselektion herauszufiltern und ihr Eindringen als sozial Auffällige in die Armee zu verhindern. Andererseits sicherten sie sich dadurch einen zentralen Platz im Diskurs bei der Be- und Verurteilung disziplinarisch auffälliger Militärstraftaten. Befehlsverweigerung, Widersetzlichkeiten gegen Vorgesetzte, Fahnenflucht sowie Selbstverstümmelung oder -tötung waren danach nicht mehr nur eine Verletzung der militärischen Ordnung und Regeln, sondern nach dieser Auffassung auch "regelwidrige Geisteszustände".[25] Normal war in diesem Spektrum der Beurteilung, wer sich bedingungslos dem militärischen Gehorsamszwang unterordnete, "verrückt", "minderwertig veranlagt" und "abnorm", wer sich ihm verweigerte, widersetzte oder nicht gewachsen war.[26]

Mit der Dauer des Krieges stieg die Zahl der psychischen Opfer. In geringerem Umfang stieg aber auch die Zahl derer, die sich mittels psychischer Simulation dem Frontgeschehen auf Dauer entziehen wollten. Der politisch-militärische Disziplinarapparat hielt seinerseits mit der zunehmenden Eskalation von Angst und Schrecken sowie deren Folgen im Krieg nicht Schritt. Die permanente Überbelegung der Heimatlazarette sowie die teilweise grausamen Behandlungsmethoden beschworen zudem die Gefahr der Meuterei oder gar der Revolution in den Lazaretten herauf.[27] In dieser Situation verlegten sich die militärische Führung und die Neuropsychiater auf die Einführung der sogenannten "frontnahen Psychiatrie". Als Ergebnisse sollten einerseits ein schnellerer und direkter ärztlicher Zugriff auf die Patienten selbst erfolgen, gleichzeitig die ansteigende Masse an psychisch erkrankten Fällen von der Heimat ferngehalten und damit isoliert verwahrt werden können[28] und die Möglichkeit eines eventuellen "Davonkommens" von der Front erschwert werden. Andererseits war eine schnelle Zurückführung der Soldaten in die Schützengräben erklärtes Ziel. Das ging so weit, daß gefordert wurde, vor allem die "minderwertigen" Soldaten mit nervösen Leiden in das Trommelfeuer zu schicken.[29] "Die Regimentskrankenstube ist ein Ort der Auslese; nichts ist verkehrter, als alle nervösen Zustände von dort nach rückwärts zu schicken, denn damit gehen der Truppe unnötig Leute verloren."[30]

Die durch den Krieg konkret Geschädigten waren in ihrer Gesamtheit mehrfache Opfer. Gesellschaftlich als "Vaterlandlose" denunziert und ohne Lobby zur Erlangung möglicher Rentenansprüche die sozialen Verlierer schon während des Krieges,[31] waren sie aus Sicht führender Psychiater die Schwachen, die Elenden, die Siechen und Verkommenen sowie die physisch wie psychisch minderwertigen Überlebenden des Krieges.[32] Unter den "wertvollen", fähigsten und opferwilligsten Männern sei dagegen eine fürchterliche Auslese im Krieg gehalten worden.[33] Psychiater, Sozialdarwinisten und Rassenhygieniker verschworen sich deshalb nach Kriegsende mit ihren national-konservativen und standespolitischen Interessen gegen die Demokratie.[34] Demokratie war für viele der Neuropsychiater ein Hirngespinst und keine mögliche Form des menschlichen Zusammenlebens." Der Staat ihrer Träume war der autoritäre Führerstaat."[35] Die Demokratie sei deshalb auch das Ergebnis im Zuge einer Revolution, die von frei herumlaufenden Neurotikern und Psychopathen angeführt worden sei.[36] Diese zu bekämpfen war ihr erklärtes Ziel.

Anmerkungen:

1 Vgl. u. a. John Keegan: Das Antlitz des Krieges. Die Schlachten von Azincourt 1415, Waterloo 1815 und an der Somme 1916, Frankfurt a. M. 1991, S. 241 – 338. Diese Erfahrungen beziehen sich vor allem auf die Soldaten der Westfront, die dem Stellungskampf im Graben sowie der Materialschlacht ausgesetzt waren. Von den insgesamt bis zu sieben Millionen eingesetzten Soldaten waren im Verlauf des Krieges etwa zwei Millionen nicht im direkten Fronteinsatz.

2 Vgl. Ulrich Bröckling: Disziplin, München 1997, S. 199 – 201.

3 Ulrich/Ziemann: Das soldatische Kriegserlebnis. In: Wolfgang Kruse Hg.: Eine Welt von Feinden, Frankfurt a. M. 1997, S. 134.

4 Riedesser/Verderber: >Maschinengewehre hinter der Front<. Zur Geschichte der deutschen Militärpsychiatrie, Frankfurt a. M. 1996, S. 21.

5 Ebd., S.23. Ulrich/Ziemann Hg.: Frontalltag im Ersten Weltkrieg, Frankfurt a. M. 1995, S. 102.

6 Ulrich/Ziemann: Das soldatische Kriegserlebnis. In: Wolfgang Kruse Hg.: Eine Welt von Feinden, Frankfurt a. M. 1997, S. 136.

7 E. Fischer-Homberger: Die traumatische Neurose, Bern 1975, S. 136.

8 Ebd., S. 136.

9 Bernd Ulrich: Die Augenzeugen, Essen 1997, S. 191.

10 Riedesser/Verderber: >Maschinengewehre hinter der Front<, Frankfurt a. M. 1996, S. 27 ff.

11 Ulrich Bröckling: Disziplin, München 1997, S. 213.

12 Zitiert nach Riedesser/Verderber: >Maschinengewehre hinter der Front<, Frankfurt a. M. 1996, S. 42.

13 Riedesser/Verderber: >Maschinengewehre hinter der Front<, Frankfurt a. M. 1996, S. 25 f.

14 Ebd., S. 42 ff. Vgl. auch Dokumente zur Behandlung psychisch Erkrankter. In: Ulrich/Ziemann Hg.: Frontalltag im Ersten Weltkrieg, Frankfurt a. M. 1995, S. 102 ff.

[15] Vgl. E. Fischer-Homberger: Die traumatische Neurose, Bern 1975, S. 150.
[16] Ulrich Bröckling: Disziplin, München 1997, S. 215 ff.
[17] E. Fischer-Homberger: Die traumatische Neurose, Bern 1975, S. 151. Auch Riedesser/Verderber: >Maschinengewehre hinter der Front<, Frankfurt a. M. 1996, S. 51 f.
[18] Zitiert nach Ulrich Bröckling: Disziplin, München 1997, S. 220, Anm. 77.
[19] Ulrich Bröckling: Disziplin, München 1997, S. 221.
[20] Ebd., S. 228.
[21] Bernd Ulrich: Das soldatische Kriegserlebnis. In: Wolfgang Kruse Hg.: Eine Welt von Feinden, Frankfurt a. M. 1997, S. 137, Ulrich Bröckling: Disziplin, München 1997, S. 229.
[22] Bernd Ulrich: Das soldatische Kriegserlebnis. In: Wolfgang Kruse Hg.: Eine Welt von Feinden, Frankfurt a. M. 1997, S. 138.
[23] Bernd Ulrich: Die Augenzeugen, Essen 1997, S. 223. Ulrich beschreibt hier, daß mit Hilfe der Überprüfung der Feldpost Zeugnisse und Beweise für die Simulation der jeweiligen Patienten erbracht wurden, um ihre strafrechtliche Verantwortlichkeit festzustellen.
[24] Ulrich Bröckling: Disziplin, München 1997, S. 239, Anm. 114.
[25] Ebd., S. 231.
[26] Ebd., S. 230 f.
[27] Riedesser/Verderber: >Maschinengewehre hinter der Front<, Frankfurt a. M. 1996, S. 71.
[28] Ebd., S. 71.
[29] Vgl. Zitat nach Nonne. In: Riedesser/Verderber: >Maschinengewehre hinter der Front<, Frankfurt a. M. 1996, S. 73, Anm. 150.
[30] Zitiert nach ebd.
[31] Ulrich/Ziemann Hg.: Frontalltag im Ersten Weltkrieg, Frankfurt a. M. 1995, S. 107, Dok. 21 i.
[32] Riedesser/Verderber: >Maschinengewehre hinter der Front<, Frankfurt a. M. 1996, S. 78.
[33] Ebd., S. 79.
[34] Ebd., S. 77.
[35] Ebd.
[36] Ebd., S. 80 – 90. Als herausragendes Beispiel für diese Einschätzung zitieren Riedesser/Verderber den Münchener Psychiater Eugen Kahn, der eine Einstufung von drei bedeutenden Revolutionären der Münchener Räterepublik 1919 erstellte. Eisner, Mühsam und Toller werden darin als unverbesserliche Psychopathen beurteilt. Er leistete damit nicht nur der allgemeinen Verunsicherung und Ablehnung gegen die Revolutionäre Vorschub, er traf damit auch den Kern der allgemeinen Stimmung gegen die Revolution in Bayern. Hieraus schöpften u. a. viele Antidemokraten ihre scheinwissenschaftliche Legitimation und Sinngebung für eine offene Bekämpfung der Demokratie.

2.6 Mißstände, Verweigerungsstrategien und Prozeß der "Revolutionierung"

Im allgemeinen wurden die sozialen Verhältnisse im Heer und die militärische Organisation von den meisten Soldaten als unsozial empfunden.[1] Über sie herrschte weitverbreitet grundsätzliche Verbitterung und wurde als ein unerträglicher sozialer Zustand in zahlreichen Quellen beschrieben.[2] Unter der Last der Mißstände und der Plagen des "gemeinen Mannes" wandelte sich mit zunehmender Dauer des Krieges seine "heroische Geduldsleistung" in offene oder verdeckte Verweigerungen bis hin zum Prozeß der "Revolutionierung" eines Teiles der Soldaten.[3]

Die Mißstände begriffen viele Soldaten als eine innere Einheit, als Ausdruck des Heeressystems und des Staates. Ihre Ursachen waren zahlreich. Da waren das Verhalten der Vorgesetzten gegen die Mannschaften aus einer ungerechtfertigten Auslegung des Vorgesetztenverhältnisses und die Forderung zur unbedingten Unterordnung der Soldaten unter die Befehlsgewalt bei gleichzeitig verletzender Handhabung disziplinarischer Strafen,[4] die weitgehende Inanspruchnahme von Diensten der Mannschaften für eigene persönliche Zwecke, z. B. Köche, Burschen, Ordonnanzen und Pionierarbeiten, die unverhältnismäßige Inanspruchnahme des Heeresmaterials für bequeme Unterkünfte und bessere Verpflegung.[5] Die nach Auffassung der Soldaten ungerechte Verteilung von militärischen Auszeichnungen, Orden und Beförderungen sowie der Löhnung waren ebenfalls entscheidende Punkte für Mißstimmungen.[6] Das hatte eine schwerwiegende Wirkung und eine tiefinnerliche, grundsätzliche Auflehnung gegen die militärische Befehlsgewalt zur Folge, so Martin Hobohm[7] in seiner Dokumentation zu den sozialen Heeresmißständen, und mündete in einen leidenschaftlichen Haß gegen das soziale Joch, welches die Vorgesetzten den Untergebenen auferlegten. Die Rangschichtung des Heeres entsprach nach Hobohms Einschätzung in weitem Maße der sozialen Schichtung der Volksklassen, deshalb entlud sich in dem Haß gegen die militärische Führung zugleich die soziale Gegensätzlichkeit der Nation. "Die Handhabung der Befehlsgewalt entsprach in ihrem ganzen Stil und Geist einem organisch verknüpften Gesamtmißbrauch"[8] und fand ihren Ausdruck in ungleicher Beförderung und Besoldung, ungleichen Quartieren und nicht zuletzt in dem herrischen, verletzenden Ton vieler Offiziere als gewaltsamem Ersatz für den Mangel an sachlicher Überlegenheit.[9] Dominik Richert beschreibt Offiziere in seinen Erinnerungen als "[...] mit Orden und Auszeichnungen vollbehängte Dickwänste."[10]

Bevor es jedoch unter den Mannschaften zu ernsthaften Verweigerungen als Reaktion kam, profitierten die führenden Militärs weitgehend unangefochten vom Untertanengeist der einfachen Soldaten. Denn diese hätten einen angeborenen Respekt vor dem Portopee[11], und der Zwang verursache "bloß" das Gefühl der Sorge und Enttäuschung bei den einen, Murren und verbissenen Zorn bei den anderen.[12] Und weil sich die Soldaten oft als ein "willenloses Werkzeug des preußischen Militarismus" begriffen, gingen offenbar die wenigsten freiwillig vor im Sturm. Was die Soldaten vorantreibe, sei nichts anderes als "[...] die verfluchte Disziplin"[13], so wieder die Stimme von Dominik Richert. Beschwerden über die Mannschaftsbehandlung durch Offiziere gelangten während des Krieges auch zahlreich an Zeitungsredakteure, Abgeordnete oder sogar anonym an die militärische Führungsspitze. Die Soldaten beschrieben darin vor allem ihr Gefühl der Rechtlosigkeit gegenüber dem Zwangsapparat und die daraus folgenden Ungerechtigkeiten durch Drangsalierungen und Übervorteilung durch die Vorgesetzten.[14] Sie erhoben in ihren Briefen Beschwörungen und Bitten um Abhilfe der beklagten Zustände, denn die Begeisterung für die Landesverteidigung werde den Soldaten durch die Mißstände und Zustände ausgetrieben. Deshalb forderten sie: "Die riesengroße Ungerechtigkeit da draußen, die vernichtet systematisch unsere früheren heiligsten Pflichtgefühle! Gerechtigkeit verlangt unser Volk in seiner großen, oft geradezu mißachteten Masse, Gerechtigkeit, eine angemessene, anständige Behandlung verlangt die große Masse unserer Soldaten."[15] Das Fundament des Staates müsse um jeden Preis wiederhergestellt werden: die Gerechtigkeit. "Fühlt das Volk, Heimat und Front erst einmal den guten Willen der Regierung und Führung, Gerechtigkeit zu erzwingen um jeden Preis, so wird es den Kampf mit neuem Vertrauen und neuer Kraft aufnehmen."[16] Das Ergebnis in der Folge der Mißachtung dieser Beschwerden, Warnungen und Hoffnungen war der völlige strategisch-militärische Zusammenbruch der Armee und des alten Staates, weil dieser innerlich unfähig war, den patriotischen Weg der Erneuerung zu gehen.[17] Das Joch des Krieges bestand für die Soldaten auch darin, daß sie oft vom Fronteinsatz in die Etappen zurückkehrten und dort keine Ruhe fanden, weil feldmarschmäßige Appelle befohlen wurden. Kleinste Abweichungen von der militärischen Sauberkeit und Ordnung wurden über Gebühr bestraft, so z. B. mit Arrest oder Strafexerzieren, "[...] schwer lastet auf uns die Strenge und Unnachgiebigkeit unseres Kompanieführers."[18] An anderer Stelle heißt es dazu: "[...] dann die blödsinnigen Schikanen, so das Exerzieren den ganzen Tag, da werden sie geschliffen wie in Garnison [...]"[19] Deshalb: "Bitter ist der Schützengraben, aber noch bitterer ist die Qual, womit die Menschen hier hinter dem Schützengraben belastet sind."[20] Selbst die leichtesten Verfehlungen wurden oft hart bestraft, so z. B. wegen geringer Urlaubsübertretung zwei Monate vorderste Stellung, wegen unerlaubten Austretens während des Marsches fünf Tage strengster Arrest oder 10 Stunden angebunden am Baum oder Wagenrad im Felde. Wegen Lügens oder unstatthaften Benehmens gegen einen Offizier, aber auch wegen unflätiger Bemerkungen wurde mit bis zwei Stunden Baumanbinden, unabhängig von möglicher Lebensgefahr durch die Nähe zur Front und bei jedem Wetter[21] gestraft. Solche Strafarten wurden nach vielen Beschwerden erst im März 1917 verboten. Das Verhältnis zwischen Vorgesetzten und Mannschaften war häufig gespannt. Nicht nur die jüngeren Rekruten litten unter dem Drill und hatten häufig ein getrübtes Verhältnis zu ihren Vorgesetzten, die "alten" Soldaten - Landsturmmänner zwischen 36 und 39 Jahren, die in der Regel Familie und Beruf in der Heimat zurückließen - fühlten sich von der Ungleichbehandlung durch jüngere Vorgesetzte oder "Aufsteiger" aus höheren Unteroffiziersgraden mit ihren Privilegien irritiert und empfanden gegen diese große Wut. Besonders verpönt war das übertriebene nationale Gehabe, so z. B. Befehle zu nationalen Gesängen auf Märschen.[22] Aber auch die aus der Ungleichheit der Besoldung resultierende schlechte zusätzliche Eigenversorgung war vielen Soldaten ein Dorn im Auge.[23] Die Umgangsformen der Offiziere gegenüber den Mannschaften wurden als demütigend empfunden, so z. B. gegenüber 40- bis 45jährigen Soldaten. Da hieß es nicht selten: "Halten Sie die Schnauze, bis Sie gefragt werden. [...] Wenn Sie nicht sofort still sind, haue ich dem Kerl in die Fresse."[24] Vor allem Reserveoffizieren soll es an Takt- und Pflichtgefühl gegenüber den Mannschaften gefehlt haben. Sie traten streng auf und achteten sehr auf Rangunterschiede. Darüber hinaus distanzierten sie sich von den Untergebenen. Nicht zuletzt kamen Fälle von Feigheit vor. Unteroffiziere ließen sich abkommandieren, andere Offiziere, so z. B. Zugführer oder Reserveoffiziere, kamen nur selten oder gar nicht in die Gräben.[25] Der weit verbreitete Einsatz und die Verwendung von Familienvätern zu Fronteinsätzen und der hohe Blutzoll unter ihnen riefen in der Bevölkerung Klagen und großen Unmut hervor und führten ebenfalls zu Beschwerden.[26] Entscheidend war damit auch die Frage der Gewährung von Urlaub verbunden.[27] Friedenstendenzen und -begehren unter den Soldaten wurden von der Militärführung als weichliche und unsoldatische Regungen diffamiert.[28] Schmierereien und Parolen gaben dem, was Soldaten wirklich dachten und fühlten, beredten Ausdruck: "Nieder mit die Herren Offiziere, die Hunde sind Schufte! Nicht morden, wir wollen Frieden! Der Heldentod bringt uns nichts. Das andere sind leere Flausen."[29] und viele andere Parolen mehr schon im April 1916. Besonders der spürbare Mißstand bei der Verpflegungsfrage für die Mannschaften erregte den allgemeinen Zorn unter den Soldaten. Die minderwertige Kost einerseits und ihr permanenter Mangel andererseits hatten für die militärischen Unternehmungen in der Endphase des Krieges dramatische Züge angenommen. Den Heldentod wollten die wenigsten sterben, Kriegsmüdigkeit und Gleichgültigkeit, Wut und Zorn mischten sich zunehmend zu einem radikalen Haß auf den verdammten Militarismus. Ein Hauptgrund für das militärische Scheitern waren neben den anderen Mißständen der Hunger und die ungleiche Versorgungslage gegenüber den Offizieren. "Gleiche Löhnung, gleiches Fressen, wär der Krieg schon längst vergessen."[30] Diese Mißstände sowie die ungleiche Verteilung, Gewährung oder Bevorzugung bei der Vergabe von Urlaub[31], die Praktiken der Requirierungen in den Etappen[32], die allgegenwärtige Postzensur[33] und die Negierung der Beschwerden oder Drohungen an die höchsten militärischen und zivilen Stellen[34] beschleunigten und verursachten die Katastrophe des militärischen Zusammenbruchs entscheidend. Sie schien nur eine Frage der Zeit zu sein. An einen allgemeinen gesellschaftlich-staatlichen Zusammenbruch dachten sicher zunächst die wenigsten, zumal die Soldaten trotz aller Qualen bis zum bitteren Kriegsende in ihrer Mehrheit an einem Frieden nur durch einen militärischen Sieg festhielten.[35] Diejenigen also, welche sich der Front zu entziehen versuchten oder diejenigen, die sich das Leben an der Front so erträglich wie möglich machten, hatten in erster Linie ihr eigenes Überleben im Sinn. Verweigerungsformen und Strategien wurden dafür unzählige erprobt und ausgeführt.[36] Desertationen waren erst mit der eindeutigen Absehbarkeit der militärischen Niederlage seit Juli 1918 Erscheinungen größeren Umfanges.[37] Besonders im letzten Kriegsjahr versuchte eine immer größer werdende Zahl von Soldaten, sich auf die eine oder andere Weise der Front zu entziehen.[38] Die "Drückebergerei" eskalierte zum Massenphänomen, vor allem nach dem Scheitern der hohen Erwartungen an die "Michael-Offensive" 1918, der letzten großen deutschen Offensive.[39] Die hier nochmals entstandenen hohen Mannschaftsverluste sowie die Offenbarung der großen technischen Überlegenheit der Alliierten, aber besonders die prekäre Versorgungslage auf deutscher Seite ließen es zu einem enormen Verfall der Disziplin in den Truppen der Westfront kommen.[40] Das ging vereinzelt so weit, daß Einheiten Angriffsbefehle verweigerten oder ihre Ausführung zu verhindern suchten.[41] Hunger und Erschöpfung führten zusätzlich zu einer

Grippeepidemie und legten einen großen Teil der verbliebenen Kräfte lahm.[42] Neben schon erprobten Varianten wie dem sogenannten "Heimatschuß" sowie Selbstverstümmelungen kam es auch dazu, daß sich Soldaten freiwillig vom Gegner gefangen nehmen ließen. Auch das Fernbleiben vom Fronteinsatz nach dem Heimaturlaub und Disziplinarverstöße wie unerlaubtes Fernbleiben von der Truppe griffen um sich.[43] Zur offenen Meutereien kam es bei den Frontsoldaten jedoch nicht.[44]

Der Mißerfolg der letzten großen Offensive 1918 führte zu einem wachsenden Auflösungsprozeß im West-Heer. Die Verweigerungs- und Auflehnungsbereitschaft unter den Truppen stieg. Die Kriegsmüdigkeit der Soldaten an den Fronten und eine zunehmende Politisierung setzten sich allmählich durch. In ihrer Konsequenz verweigerten sich Ersatztruppenteile, an die Front zu fahren. Im Gegenzug fluteten bereits Hunderttausende, darunter viele Leichtverwundete, in zum Teil aufgelöster Formation zurück in die Heimat. Ludendorff und seinen Offizieren blieb nur noch die nüchterne Feststellung: "Die Ursachen der Niederlage lägen tiefer. Der Geist der Truppe habe zum ersten Mal versagt [...]."[45] Da hatten sie gewiß Recht. Denn physische und psychische Erschöpfung, aber auch der mangelnde Wille, für die herrschende Ordnung weiterhin das Leben zu opfern, beschleunigten im letzten Kriegsjahr das Ausmaß der Verweigerungen und damit den schnellen militärischen Zusammenbruch.

Die Verweigerungen der Soldaten trugen also ohne Zweifel nicht nur wesentlich zum militärischen Zusammenbruch bei, sondern auch zur Revolution in der Heimat. Denn gerade durch die Verweigerungen der Soldaten gegenüber den Befehlen der Offiziere wurden den Herrschenden ihre zentrale Machtbasis entzogen und so die bestehenden Verhältnisse unterwandert und zerstört.[46]

Die Auflösungs- und Revolutionierungstendenzen innerhalb der Armee waren in der frühen Nachkriegszeit noch unumstritten[47]. Bis zur offenen Meuterei der Kieler Matrosen waren diese Tendenzen ein verdeckter Militärstreik. Deshalb konnte sich das Argument, die Heimat trage für den militärischen Zusammenbruch die Verantwortung, letztlich auch erfolgreich durchsetzen. Das wahre Ausmaß der Verweigerungen und der damit einhergehenden Auflösungserscheinungen blieb der Öffentlichkeit ja weitgehend durch Desinformation der Presse und durch Zensur und Propaganda verborgen.[48] Das Kalkül der militärischen Führung, die Verantwortung für die Niederlage den zivilen Instanzen aufzubürden, konnte so aufgehen. Der Mythos vom ungeschlagenen Heer wurde hier geschaffen. Die für die Nachkriegszeit von größter politischer Bedeutung gewordene Legende vom "Dolchstoß" nahm hier ihren Anfang. Nach dem Waffenstillstand ging der verdeckte Militärstreik in eine Demobilisierung von unten über.[49]

Anmerkungen:

[1] Martin Hobohm: Soziale Heeresmißstände im Ersten Weltkrieg. In: Wolfram Wette Hg.: Der Krieg des Kleinen Mannes, München 1992. S. 136 – 145. Wette veröffentlicht hier Hobohms Gutachten als Sachverständiger Professor des Untersuchungsausschusses des Reichstages 1919 – 30 über die Ursachen des deutschen Zusammenbruchs 1918. Dokumentiert wird die zusammenfassende Betrachtung der >Hauptmißstände< im Heer und die sozialen Heeresmißstände als Teilursache des deutschen Zusammenbruchs von 1918.

[2] Ebd., S. 137 ff. Hobohm relativiert allerdings diese Tatsache und sagt zu Recht, daß viele der Soldaten, unverschuldet im Denken und ungeübt im Schreiben, nicht die rechten Worte für ihre Leiden gefunden hätten. Vgl. dazu Dokumentensammlung von Ulrich/Ziemann Hg.: Frontalltag im Ersten Weltkrieg, Frankfurt a. M. 1995, S. 117 – 145.

[3] Wolfgang Kruse: Krieg und Klassenheer. Zur Revolutionierung der deutschen Armee im Ersten Weltkrieg. In: Geschichte und Gesellschaft, 22. Jahrgang/Heft 4, Oktober – Dezember 1996, S. 530 – 561. "Unter Revolutionierung soll [...] eine Entwicklung verstanden werden, in deren Verlauf die militärische Ordnung und damit zunehmend auch die kriegführende Gesellschaft und der wilhelminische Klassenstaat immer mehr an Autorität verloren. Die weit verbreitete Ablehnung sowohl des Krieges wie der militärischen Herrschaft verdichtete sich zu einer weit verbreiteten Gegnerschaft auch zum staatlichen und gesellschaftlichen Herrschaftssystem [...]", S. 534.

[4] Martin Hobohm: Soziale Heeresmißstände im Ersten Weltkrieg. In: Wolfram Wette Hg.: Der Krieg des Kleinen Mannes, München 1992, S. 138.

[5] Ebd., S. 139.

[6] Ebd., S. 139. Auch Ulrich/Ziemann Hg.: Frontalltag im Ersten Weltkrieg, Frankfurt a. M. 1995, S. 135, Dok. 35 a.

[7] Gutachten Martin Hobohm: Soziale Mißstände als Teilursache des deutschen Zusammenbruchs von 1918. In: Das Werk des Untersuchungsausschusses der Verfassungsgebenden Nationalversammlung und des deutschen Reichstages 1919 – 1930, 4. Reihe, Bd. 11/I, Berlin 1929, auch Vierte Reihe: Die Ursachen des deutschen Zusammenbruchs 1918. Zweite Abteilung: Der innere Zusammenbruch, Elfter Band, Erster Halbband, Berlin 1929.

[8] Martin Hobohm: Soziale Heeresmißstände im Ersten Weltkrieg. In: Wolfram Wette Hg.: Der Krieg des Kleinen Mannes, München 1992, S. 136.

[9] Ebd.

[10] Wolfram Wette: Die unheroischen Kriegserinnerungen des Elsässer Bauern Dominik Richert aus den Jahren 1914 – 1918. In: Wolfram Wette: Der Krieg des Kleinen Mannes, München 1992, S. 132.

[11] Martin Hobohm: Soziale Heeresmißstände im Ersten Weltkrieg, S. 140. In: Wolfram Wette Hg.: Der Krieg des Kleinen Mannes, München 1992.

[12] Ebd.

[13] Wolfram Wette: Die unheroischen Kriegserinnerungen des Elsässer Bauern Dominik Richert aus den Jahren 1914 – 1918. In: Ders. Hg.: Der Krieg des Kleinen Mannes, München 1992, S. 130.

[14] Martin Hobohm: Soziale Heeresmißstände im Ersten Weltkrieg, S. 140 f. Auch Ulrich/Ziemann Hg.: Frontalltag im Ersten Weltkrieg, Frankfurt a. M. 1995, S. 139 – 149.

[15] Zitat nach Brief. In: Martin Hobohm: Soziale Heeresmißstände im Ersten Weltkrieg. In: Wolfram Wette Hg.: Der Krieg des Kleinen Mannes, München 1992, S. 142.
[16] Ebd., S. 143.
[17] Ebd., S. 143 f. Diese Einschätzung wurde von der militärischen Führung geleugnet, insbesondere von Ludendorff und Hindenburg. Vgl. dazu die Aussagen beider als Zeugen vor dem Parlamentarischen Untersuchungsausschuß zu den Ursachen des Zusammenbruchs am 18.11.1919 in Berlin. "Ein englischer General sagte mit Recht: Die deutsche Armee ist von hinten erdolcht worden. Wo die Schuld liegt, ist klar erwiesen." Gemeint war damit die "Heimatfront", die dem Heer durch den Sturz der Monarchie und der Beseitigung ihrer Machtbasis zu Gunsten der daraus entstandenen Republik die nötige Unterstützung im Kampf versagt hätte. Die Dolchstoßlegende wurde in den Händen der Weimarer Rechtsparteien zum Dolchstoß in den Rücken der Republik. Vgl. dazu Walter Tormin: Die Weimarer Republik, 24. Aufl., Hannover 1977, S. 104.
[18] Ulrich/Ziemann Hg.: Frontalltag im Ersten Weltkrieg, Frankfurt a. M. 1995, S. 117, Dok. 24.
[19] Ebd., S. 118 – 119, Dok. 25 a – 25 c.
[20] Ebd., S. 119, Dok. 25 b.
[21] Ebd., S. 120 – 121, Dok. 26 a – 27.
[22] Ebd., S. 122 – 124, Dok. 28 a – 28 d.
[23] Ebd., S. 129, Dok. 32 d.
[24] Ebd., S. 123, Dok. 28 b.
[25] Ebd., S. 124, Dok. 28 c u. 28 d.
[26] Ebd., S. 125, Dok. 29 u. 30.
[27] Ebd., S. 131, Dok. 34.
[28] Ebd., S. 126. Dok. 31.
[29] Ebd., S. 126, Dok. 31 b.
[30] Ebd., S. 128 – 131, Dok. 32 b, d. u. h.
[31] Ebd., S. 131 – 134, Dok. 33 – 34 g.
[32] Ebd., S. 135 – 138, Dok. 35 a – 35 g.
[33] Ebd., S. 139 – 144, Dok. 36 a – 36 k.
[34] Ebd., S. 145 – 149, Dok. 37 a – 37 d.
[35] Wilhelm Deist: Verdeckter Militärstreik im Kriegsjahr 1918? In: Wolfram Wette Hg.: Der Krieg des Kleinen Mannes, München 1992, S. 148. Deist führt hier deutlich aus, daß die eigentliche Kraft und Motivation für die letzte große deutsche Offensive im März 1918, die sogenannte "Michael-Offensive" an der Westfront, bei den Soldaten die unbedingte Aussicht auf Frieden war. Offiziere motivierten sie mit den Worten: Das Ziel heißt: Frieden!
[36] Vgl. Ulrich/Ziemann Hg.: Frontalltag im Ersten Weltkrieg, Frankfurt a. M. 1995, S. 150 – 208.
[37] Wolfram Wette: Die unheroischen Kriegserinnerungen des Elsässer Bauern Dominik Richert aus den Jahren 1914 – 1918. In: Ders. Hg.: Der Krieg des Kleinen Mannes, München 1992, S. 134.
[38] Vgl. Wilhelm Deist: Verdeckter Militärstreik im Kriegsjahr 1918? In: Wolfram Wette Hg.: Der Krieg des Kleinen Mannes, München 1992, S. 146 – 167.
[39] Ulrich Bröckling: Disziplin, München 1997, S. 237. Bröckling weist hier darauf hin, daß der Militärhistoriker Wilhelm Deist "Drückebergerei" nicht als Fahnenflucht gewertet habe. Vielmehr seien nicht mehr nachvollziehbare Varianten des "Untertauchens" im Rahmen der Riesenorganisation Armee auszumachen.
[40] Vgl. ebd., S. 236 f.
[41] Wilhelm Deist: Verdeckter Militärstreik im Kriegsjahr 1918? In: Wolfram Wette Hg.: Der Krieg des Kleinen Mannes, München 1992, S. 153.
[42] Vgl. ebd., S. 155.

[43] Vgl. Benjamin Ziemann: Verweigerungsformen von Frontsoldaten in der deutschen Armee 1914 – 1918. In: Jahrbuch für Historische Friedensforschung 4, 1995, S. 99 – 122. Ders.: Fahnenflucht im deutschen Heer 1914 – 1918. In: Militärgeschichtliche Mitteilungen 55, 1996, S. 93 – 130.
[44] Vgl. Ulrich/Ziemann: Das soldatische Kriegserlebnis. In: Wolfgang Kruse Hg.: Eine Welt von Feinden, Frankfurt a. M. 1997, S. 157.
[45] Wolfgang Kruse: Krieg und Klassenheer. In: Geschichte und Gesellschaft 22, 1996, Heft 4, S. 557.
[46] Ebd., S. 558 f.
[47] Ebd., S. 532.
[48] Ulrich Bröckling: Disziplin, München 1997, S. 238.
[49] Ebd., S. 238. Vgl. Wolfram Wette: Die Demobilisierung in Deutschland 1918/19 unter besonderer Berücksichtigung der revolutionären Ostseestadt Kiel. In: Geschichte und Gesellschaft 12, 1986, Heft 1, S. 63 – 80.

3. Ideologisierung der Fronterfahrungen zum "Fronterlebnis"

3.1 Liquidierung des Krieges und Bild der Frontsoldaten in der Öffentlichkeit

Der Prozeß der Demobilisierung war ein vielschichtiger Komplex der Nachkriegszeit. Er umfaßte die gesamte Gesellschaft in ihrer wirtschaftlichen, sozialen, militärischen und politischen Dimension.[1] Der Gesamtprozeß der Erfassung, Planung und Durchführung der Demobilisierung war eng mit der Entstehung der Weimarer Republik verbunden.[2] Sein Verlauf hing wesentlich von den wirtschaftlichen Möglichkeiten, aber auch von den neuen politischen Machtverhältnissen ab.[3] Besonders die Versorgung der Hinterbliebenen und der Kriegsbeschädigten hatte zeitlich über den Prozeß der Demobilisierung hinaus eine große Bedeutung.[4] Gemeinsamer übergeordneter Nenner aller politisch wirksamen und gesellschaftlich relevanten Kräfte war nach dem militärischen Zusammenbruch des Kaiserreiches in den ersten Monaten der Revolution das tief verwurzelte Bedürfnis nach Ruhe und Ordnung.[5] Hinter diesem gemeinsamen Interesse standen politische Kräfte und Gruppen aus verschiedensten Gründen und mit unterschiedlichen Zielen.

Es kann im wesentlichen davon ausgegangen werden, daß das große Interesse der militärischen Führung an einem geordneten Rückzug der Feldheere nach dem Waffenstillstand vom 11.11.1918 zentral auf das Ziel der Aufrechterhaltung der militärischen Führerschaft innerhalb der sich auflösenden Truppen ausgerichtet war.[6] Auch wollte sich die militärische Führung als Liquidationsinstitution unentbehrlich machen, um ihren Einfluß auf die politischen Vorgänge nicht zu verlieren. Als entscheidenden Punkt aber versuchte sie, ihre eindeutige Schuld an dem militärischen Desaster zu verharmlosen und zu leugnen.[7] Nur so glaubte sie, ihre tatsächliche Machtlosigkeit gegenüber den sich revolutionierenden Truppen verhindern und ein Absinken in das politische Abseits abschwächen zu können.[8] Ihre zentralen Ziele waren deshalb die Wiederherstellung der vorrevolutionären Befehlsgewalt, eine Entpolitisierung des Feldheeres sowie die Hoffnung auf ein aktives Eingreifen gegen die revolutionären Kräfte in der Heimat.[9] Vom preußischen Kriegsministerium und dem Rat der Volksbeauftragten wurde am 15.11.1918 der Obersten Heeresleitung (OHL) der Auftrag erteilt, seine Funktion als Liquidationsinstitution bei der Rückführung und Demobilisierung des Heeres aufzunehmen. Der Funktionswechsel der militärischen Führung von der bisherigen Kriegsführung zur

Liquidationsinstitution ermöglichte der OHL einerseits, die angestrebte Aufrechterhaltung der Befehlsgewalt bei den Fronttruppen weitgehend durchzusetzen, andererseits konnte darüber hinaus der eigene politische Einfluß in der Truppe geltend gemacht und damit die um sich greifende Revolutionierung in der Truppe abgeschwächt werden.[11] Insgesamt gelang es der OHL aber nur begrenzt auf wenige Truppenteile, längerfristig ihre militärische Befehlsgewalt und Kontrolle entscheidend aufrechtzuerhalten und durchzusetzen. Der fortschreitende Auflösungsprozeß der Truppen machte auch vor den Fronttruppen nicht halt. Soweit diese überhaupt in geschlossenen Formationen zurückkehrten, endete für einen beträchtlichen Teil die Zugehörigkeit zur Truppe an der deutschen Grenze oder an Sammelstellen in der Heimat. Nach Hause um jeden Preis - das waren die einzig relevanten Gedanken beim überwiegenden Teil der Soldaten.[12] Das kaum regelbare Zurückfluten der Soldatenmassen hinterließ bei der Militärführung den ohnmächtigen Eindruck, sämtliche Machtmittel verloren zu haben. Noch mehr verstärkte sich dieser Eindruck mit Blick auf die sich zunächst auch auf das Feldheer ausdehnende Soldatenrätebewegung. "Die Soldatenräte müssen verschwinden", schrieb General Groener an den Rat der Volksbeauftragten am 14.12.1918.[13] Dieser ließ der OHL dann auch für den konkreten Umgang mit den Soldatenräten weitgehend freie Hand. Dadurch gelang es der OHL, die Sicherung ihrer Befehlsgewalt zumindest über einen Teil der Truppen auszudehnen und auf den Verlauf des Prozesses der Revolutionierung einwirken und diesen unmittelbar in einzelnen Formationen mitbestimmen zu können.[14] Selbstbewußt verbreitete sie unter den Soldaten die Legende vom "Dolchstoß" und berichtete von chaotischen Zuständen in der Heimat.[15]

Der zunächst verdeckte und später offene Konflikt zwischen der OHL und den Soldatenräten im Feldheer und die dadurch entfachten Spannungen zwischen Teilen der zurückkommenden Feldformationen und den Arbeiter- und Soldatenräten provozierten in ihrer Folge geradezu bürgerkriegsähnliche Situationen im Land.[16] Während vor allem die Soldatenräte in den meisten Feldformationen die Aufgabe der Rückführung und Demobilisierung der Soldaten in unterschiedlicher Wirksamkeit vorantrieben, beriet die OHL darüber, wie der rapide Zerfall der Armee wenn schon nicht zu verhindern, dann doch abzuschwächen sei.[17] Immerhin stand ihre politische und gesellschaftliche Stellung im Reich nach wie vor zur Disposition. Von den rund acht Millionen Soldaten konnten bis zum Januar 1919 etwa sieben Millionen demobilisiert werden. Ein bewaffneter Bestand von ca. einer Million Soldaten blieb.[18] In dieser Situation unterbreitete die OHL Mitte Dezember 1918 an den Rat der

Volksbeauftragten die Forderung zur Aufstellung einer "Armee aus Freiwilligen".[19] Die Aufstellung von Freiwilligen-Verbänden wurde von der OHL mit dem dringend notwendigen Aufbau eines Grenzschutzes und der Sicherung der politischen Interessen des Reiches sowie der Abwehr links-radikaler und bolschewistischer Umsturzversuche gegen die Übergangsregierung Ebert-Haase begründet.[20] Das Gespenst Bürgerkrieg war in vieler Munde. Unter Ausnutzung dieser Gründe einerseits und der politischen Auseinandersetzung zwischen dem Rat der Volksbeauftragten und dem Vollzugsrat der Arbeiter- und Soldatenräte andererseits[21] gelang es der OHL, eine Legitimation für den Aufbau von Freiwilligen-Verbänden in verschiedener Größe aus Freiwilligen des Feldheeres zu bekommen und diese Formationen an zentralen Orten des Landes aufzubauen und zu stationieren.[22] Mit diesen Formationen konnte die OHL in die politischen Auseinandersetzungen eingreifen. Ein Beispiel dafür ist die Auseinandersetzung um die Matrosen im Stadtschloß in Berlin Ende Dezember 1918. Nachdem zunächst von der Front zurückkehrende Truppen eines Garderegimentes in Berlin von Ebert in gemeinsamer Übereinkunft mit der OHL 1918 feierlich begrüßt wurden, kam es zu deren militärischem Einsatz[23] bei den sich zuspitzenden politischen Auseinandersetzungen Weihnachten 1918 und Januar 1919 in Berlin.[24] Die Zusammensetzung dieser und weiterer Truppen bestand vorwiegend aus Berufssoldaten und solchen Truppenteilen, die im bürgerlichen Leben trotz eigener Bemühungen bis zu diesem Zeitpunkt noch keine Erwerbstätigkeit gefunden hatten.[25] Die Verordnung des Kriegsministeriums über den zeitlich begrenzten freiwilligen Verbleib solcher Truppenteile im Heer trug im Anschluß nicht unwesentlich dazu bei, "[...] daß jene Landsknechtstypen, die im bürgerlichen Erwerbsleben keinen ihnen gemäßen Lebenssinn sehen wollten, sich nun ihr Soldatenmetier durch freiwillige Meldungen erhalten konnten. Die seit Januar 1919 in großer Zahl entstehenden Freikorps speisten sich personell zu einem großen Teil aus diesem Reservoire."[26] Spätestens seit diesem Zeitpunkt hatte es die alte militärische Führung der OHL erreicht, sich den neuen politischen Verhältnissen anzupassen, damit sie in ihren Funktionen verbleiben konnte. Sie bestimmte so maßgebend den weiteren Verlauf zum Neuaufbau eines zukünftigen Friedensheeres unter ihrer Führung mit.[27] Durch außerordentliche Zugeständnisse an die alte militärische Führungselite überließ die Übergangsregierung Ebert-Haase denjenigen politischen Kräften das Feld beim militärischen Wiederaufbau eines Friedensheeres, die selbst wesentliche Ursache für den militärischen und staatlichen Zusammenbruch waren. Das hatte seinen Grund in den politischen Interessenskonflikten zwischen der

SPD-Führung und der USPD (Unabhängige Sozialdemokratische Partei Deutschlands) einerseits sowie mit der Arbeiter- und Soldatenbewegung andererseits. Die SPD-Spitze entschied sich deshalb zur Duldung und Zusammenarbeit mit den alten Eliten und stärkte damit die antirepublikanischen Kräfte der Gesellschaft von Anfang an mit.[28] Für konservative und nationale Kräfte war das politisch motivierte Agieren der militärischen Führung im Zusammenhang mit der Demobilmachung der Frontheere von besonderer Bedeutung, weil der überraschende Erfolg der Demobilisierung paradoxerweise nicht zur Akzeptanz der Republik führte.

Im öffentlichen Raum war die Wahrnehmung der Demobilisierung von vor allem zwei Punkten bestimmt. Der eine ergab sich aus der öffentlichen Auseinandersetzung in der Presselandschaft mit ihren politischen Kommentaren und Einschätzungen zur Demobilmachung und den revolutionären Ereignissen. Der andere bezog sich auf das Selbstverständnis der heimkehrenden Soldaten und ihren Empfang in der Heimat. Beide Punkte korrespondierten insofern miteinander und waren für den Prozeß der Ideologisierung der Fronterfahrungen von Bedeutung, weil hier, vornehmlich von Seiten der bürgerlichen Presse, das Bild vom ungeschlagenen Heer und eine Stilisierung der Soldaten zu Helden von vornherein Eingang fanden.[29] Während ein Teil der zurückkehrenden Soldaten tatsächlich mit öffentlichen Danksagungen und Zeremonien empfangen wurde, war die Heimkehr für einen anderen, nicht minderen Teil eine zwiespältige Situation angesichts der Tatsache, daß viele von ihnen ihre Truppe nach dem Waffenstillstand einfach verlassen hatten, wenn nicht sogar desertiert waren.[30] Die zwingenden Motive dafür, nämlich die Mißstände im Heer und der unbedingte Wille zum Frieden, gerieten zunehmend aus dem Blickfeld der Öffentlichkeit. Vordergründig schürte vor allem die konservativ-bürgerliche Presse das Schreckgespenst des Bolschewismus, der, ausgehend von den radikal-revolutionären Kräften in der Heimat, auf die Soldaten an den Fronten übergesprungen sei und so die Wehrhaftigkeit der ungeschlagenen Armeen untergraben hätte.[31] Das Ergebnis sei der militärische und gesellschaftliche Zusammenbruch gewesen, dessen Resultat der "Schmachfrieden von Versailles" wäre.[32] In der weiteren politischen Diskussion verinnerlichte die deutsche Öffentlichkeit diese These mit den Schlagwörtern "Mordvertrag von Versailles", "Gewaltfrieden" und deutsche "Erfüllungspolitik".[33] Mit diesen propagierten Bildern und in dem von ihnen geprägten Klima stimmte das eigene unheroische Verhalten der fast acht Millionen demobilisierter Soldaten am Kriegsende zweifellos nicht überein. Zu frisch waren die konkreten Erlebnisse und Erfahrungen der meisten Soldaten an das Schreckensregime Krieg und seine Urheber. Wie konnten oder sollten die Kriegsveteranen mit ihrem eigenen Verhalten in einer Gesellschaft mit nationalistisch bestimmter Öffentlichkeit, in der erneut "traditionelle Werte" Fuß faßten, ins reine kommen?[34] Gerade die verinnerlichten und überkommenen Bestände alter traditioneller Werte aus der Zeit des Kaiserreiches schienen hier die innere Haltung der ursprünglichen Friedenssehnsucht der Masse der Soldaten zunehmend in Bezug auf das eigene Selbstbild zu untergraben.[35] Die im öffentlichen Raum propagierte Legende vom unbesiegten Heer und das Problem der ungleichen soziale Versorgung der Kriegsveteranen trugen sicher das ihre dazu bei.[36] Denn obwohl die Entlassung der Soldaten in das zivile Leben in einem atemberaubenden Tempo verlief und schon im Januar 1919 abgeschlossen werden konnte, Eingliederungsprogramme der Regierung fast alle ehemaligen Soldaten zunächst wieder in Lohn und Brot brachten und die Gewerkschaften enorme soziale Verbesserungen für die Arbeiter durchsetzen konnten, waren die wirtschaftlichen Lasten des Krieges so hoch, daß es zu einer inflationären Situation kam. Unter diesen Bedingungen waren weitere politische Auseinandersetzungen vorprogrammiert.[37]

Insgesamt werden drei zentrale Bereiche mit unterschiedlichen Tendenzen sichtbar, in die sich die Soldaten nach dem Ende des Krieges einordneten. Der größte Teil der Soldaten war derjenige, der im Zuge der Demobilmachung in seine alten bürgerlichen Berufe und Existenzen zurückkehrte, allerdings mit unterschiedlichen Bedingungen und Erfolg.[38] Der kleinere, aber dafür politisch wirksamere Teil der Soldaten verblieb in militärischen Formationen. Aus ihm rekrutierten sich die seit Januar 1919 aufgestellten Freiwilligen-Formationen, die Freikorps.[39] Der sozial und politisch am heftigsten denunzierte und diffamierte Teil der Soldaten waren die Kriegsbeschädigten. Sie waren die eigentlichen Verlierer im doppelten Sinn. Eine längerfristige Erwerbstätigkeit war für sie zu einem großen Teil nicht möglich, und soziale Renten- und Versorgungsansprüche wurden oft behördlich umgangen, verschleppt oder sogar verweigert.[40] Das machte es sicher diesem Teil der ehemaligen Soldaten einfach, gegenüber der Republik eine ablehnende Haltung zu entwickeln und den heroischen Mythos von soldatischem Heldentum aufzunehmen. Wer öffentlich die Soldaten ehrte, ihnen aber gleichzeitig die als zu Recht empfundene Versorgung nur unzureichend erfüllen konnte, war in ihren Augen politisch nicht glaubwürdig.[41] Ihr Protestpotential lehnte sich deshalb vorzugsweise nach dem Krieg an Kriegsopferverbände, aber auch Wehr- und Kriegervereine und Frontkämpferbünde an.[42] Die überwiegende Mehrheit der ehemaligen Soldaten konnte aber durch gezielte staatliche Intervention ziemlich schnell wieder Arbeit finden.[43] Demobilisierungserlasse und ein eigens geschaffenes Demobilisierungsamt setzten die berechtigten Interessen der Soldaten zur Eingliederung in ihre bürgerlichen Existenzen maßgeblich auch gegen die Interessen der Unternehmer durch.[44] Daraus mußte augenscheinlich für viele Zeitgenossen der Eindruck entstehen, daß es keine größeren wirtschaftlichen Probleme geben könne, um wieder zur bürgerlichen Tagesordnung der Vorkriegszeit überzugehen. Daß sich der Staat aber trotz großer Erfolge bei der Wiedereingliederung der meisten Kriegsveteranen als Unterhaltungs- und Versorgungsinstitution bei weitem wirtschaftlich übernahm, konnten die meisten Zeitgenossen nicht erkennen oder akzeptieren. Teilweise war eine Wiedereingliederung der Kriegsveteranen jedoch nicht möglich, weil sie die Angebote schlichtweg ablehnten.

Die Propaganda über die unannehmbaren Friedensbedingungen als ausschließliche Ursache für den wirtschaftlichen und sozialen Niedergang Deutschlands in der Nachkriegszeit nährte sich aus der Vielschichtigkeit der Probleme der Demobilmachung und der frühen Nachkriegszeit. Das Paradoxe an der Demobilisierung war ja gerade, daß ihr überraschender Erfolg die Illusion förderte, ohne weiteres dort anzuknüpfen, wo 1914 aufgehört wurde. Deshalb maß die Mehrheit der Menschen die weitere wirtschaftliche Entwicklung und ihre negativen Auswirkungen am Maßstab der auferlegten Friedensbedingungen und den damit verbundenen Reparationsforderungen der Siegerstaaten. Als propagandistisch wirksam aufgearbeitete Tatsachen untergruben diese Vorstellungen und Erklärungen langfristig das Vertrauen der Menschen in die politische Stabilität der Weimarer Republik. Gleichzeitig förderten sie in seinem Gegenteil die Anlehnung an nationalistisch-konservative und politisch radikale Kräfte.

Nicht das Militär und die autoritäre adelige Herrschaftsclique der Hohenzoller machte die Nachkriegsgesellschaft für den verlorenen Krieg und seine Folgeerscheinungen verantwortlich, sondern den neuen demokratisch-republikanischen Staat von Weimar, der als Ergebnis der revolutionären Umwälzungen von 1918 für das Ende des Krieges und seine Folgen einzustehen hatte. Ihn machten deshalb die Zeitgenossen für die wirtschaftlichen und politischen Probleme verantwortlich. In diesen Kanon stimmten alle ein, die sich in irgend einer Weise durch die neuen demokratischen und republikanischen Verhältnisse betrogen oder benachteiligt sahen.[45]

Anmerkungen:

[1] Vgl. Gerald D. Feldman: Die Demobilmachung und die Sozialordnung der Zwischenkriegszeit in Europa. In: Geschichte und Gesellschaft 9, 1983, Heft 2, S. 156 – 177.

[2] Burkhard Asmuss: Republik ohne Chance? Akzeptanz und Legitimation der Weimarer Republik in der deutschen Tagespresse zwischen 1918 – 1923, Berlin 1994, S. 72.

[3] Vgl. Wolfram Wette: Die militärische Demobilmachung in Deutschland 1918/19 unter besonderer Berücksichtigung der revolutionären Ostseestadt Kiel. In: Geschichte und Gesellschaft 12, 1996, Heft 1, S. 63 f.

[4] Vgl. Michael Geyer: Ein Vorbote des Wohlfahrtsstaates. Die Kriegsopferversorgung in Frankreich, Deutschland und Großbritannien nach dem Ersten Weltkrieg. In: Geschichte und Gesellschaft 9, 1983, Heft 2, S. 230 – 277.

[5] Auf dieser Basis kam es zunächst gezwungenermaßen zur allgemeinen Zusammenarbeit zwischen den revolutionären Kräften und der Übergangsregierung Ebert-Haase einerseits und dieser mit den alten militärischen Führungseliten andererseits. Ziel der Zusammenarbeit und gegenseitigen Handlungsfreiheit zwischen den beiden Letztgenannten war die Verhinderung bzw. Abschwächung der revolutionären Forderungen der Arbeiter- und Soldatenräte. Vordergründig dafür war die Angst vor der Übernahme des russischen revolutionären Modells als Staatsform in Deutschland, des Sowjetbolschewismus. Daß diese Angst im realen Sinn nicht bestand, sondern teilweise bewußt von den jeweiligen Interessengruppen propagandistisch verbreitet wurde zum Zwecke der Durchsetzung eigener politischer Ziele, hat ausführlich Ulrich Kluge dargestellt. Vgl. Ulrich Kluge: Soldatenräte und Revolution, Göttingen 1975.

[6] Vgl. Walter Tormin: Die Weimarer Republik, 24. Aufl., Hannover 1977, S. 76.

[7] Ulrich Bröckling: Disziplin, München 1997, S. 241.

[8] Vgl. Wolfgang Kruse: Krieg und Klassenheer. In: Geschichte und Gesellschaft 22, 1996, S. 561. Denn, so Kruse: "Die Armee hatte neben der Kriegsführung auch die Fähigkeit zur Erfüllung ihrer zweiten Hauptaufgabe eingebüßt: Sie taugte nicht mehr als Kampfinstrument im Innern, eine Schwäche, die erst langsam durch den Aufbau militärischer Freikorps überwunden werden konnte."

[9] Ulrich Kluge: Soldatenräte und Revolution. Studien zur Militärpolitik in Deutschland 1918/19, Göttingen 1975, S. 206 – 211.

[10] Ulrich Kluge: Soldatenräte und Revolution. Studien zur Militärpolitik in Deutschland 1918/19, Göttingen 1975, S. 205 – 211. Auch Wolfram Wette: Die militärische Demobilmachung in Deutschland 1918/19. In: Geschichte und Gesellschaft 12, 1986, S. 64.

[11] Ulrich Kluge: Soldatenräte und Revolution. Studien zur Militärpolitik in Deutschland 1918/19, Göttingen 1975, S. 134 f. u. ö.

[12] Vgl. Richard Bessel: Die Heimkehr der Soldaten. Das Bild der Frontsoldaten in der Öffentlichkeit der Weimarer Republik. In: Gerhard Hirschfeld u. a. Hg.: >Keiner fühlt sich hier mehr als Mensch...<, Frankfurt a. M. 1996, S. 266 f.

[13] Wolfram Wette: Die militärische Demobilmachung in Deutschland 1918/19. In: Geschichte und Gesellschaft 12, 1986, S. 70, Anm. 29.

[14] Ulrich Kluge: Soldatenräte und Revolution, Göttingen 1975, S. 215. Hindenburg forderte Ende Dezember 1918: "[...] die für die Wiedergesundung des Heeres erforderliche Maßnahme [...] ist, [die] absolute Entscheidungsfreiheit auch gegenüber dem Rat der Volksbeauftragten und dem zukünftigen Parlament [...]." Er bezieht sich bei dieser Forderung zunächst auf einen geforderten Sonderstatus für Truppen, die den Grenzschutz übernehmen sollen. In diesen sollen die von den Arbeiter- und Soldatenräten geschaffenen Verhältnisse rückgängig gemacht werden können (Entfernung von Rangabzeichen, Führerwahl durch Mannschaften usw.).

[15] Vgl. Ulrich Kluge: Soldatenräte und Revolution, Göttingen 1975, S. 216 – 220. Mit der Begründung, im Reich ginge alles "drunter und drüber", überall gäbe es Plünderungen, Unordnung,

nirgendwo mehr Achtung vor Gesetz und Recht, Achtung vor persönlichem und privatem Eigentum, vermochte es die militärische Führung, einen ausgesuchten und für zuverlässig erklärten Anteil der Feldformationen für ihre eigenen Ziele zur militärischen Bekämpfung der Rätebewegung zu instrumentalisieren.

[16] Vgl. Richard Bessel: Die Heimkehr der Soldaten. In: Gerhard Hirschfeld u. a. Hg.: >Keiner fühlt sich hier mehr als Mensch...<, Frankfurt a. . 1996, S. 268, Ulrich Kluge: Soldatenräte und Revolution, Göttingen 1975, S. 220 – 270. Das bezieht sich auf einen Putschversuch in Hamburg und den Kapp-Putsch in Berlin 1920, wo auf lokaler Ebene versucht wurde, mit Hilfe von Fronttruppen entweder einen Machtwechsel, aber zumindest einen größeren politischen Einfluß zu gewinnen. Ulrich Kluge: Soldatenräte und Revolution, Göttingen 1975, S. 219 f.

[17] Ulrich Kluge: Soldatenräte und Revolution, Göttingen 1975, S. 283, Wolfram Wette: Die militärische Demobilmachung in Deutschland 1918/19. In: Geschichte und Gesellschaft 12, 1986, S. 70.

[18] Wolfram Wette: Die militärische Demobilmachung in Deutschland 1918/19. In: Geschichte und Gesellschaft 12, 1986, S. 71.

[19] Ebd., S. 71.

[20] Ulrich Kluge: Soldatenräte und Revolution, Göttingen 1975, S. 213, 233 ff. u. 301 ff.

[21] Ebd., S. 232.

[22] Vgl. ebd., S. 212. Erster Stützpunkt dieser ausgesonderten Truppen wurde das Generalkommando unter Generalleutnant Lequis. Zum Generalkommando Lequis gehörten insgesamt neun Divisionen mit insgesamt 150.000 Mann, die auf die Einsatzfähigkeit in bürgerkriegsähnlichen Kämpfen hin ausgesucht worden waren.

[23] Vgl. Wolfram Wette: Die militärische Demobilmachung in Deutschland 1918/19. In: Geschichte und Gesellschaft 12, 1986, S. 70. Von den 35.000 Mann, die demnach in Berlin einzogen, verblieben 2.000 bei der Truppe. Angeblich wäre dies durch den Einfluß der örtlichen Soldatenräte mit verursacht worden. Vgl. dazu Anm. 27: Darstellungen aus den Nachkriegskämpfen deutscher Truppen und Freikorps, 2. Reihe, 6. Bd. Die Wirren in der Reichshauptstadt und im nördlichen Deutschland 1918 – 20, Berlin 1940, S. 11.

[24] Ulrich Kluge: Soldatenräte und Revolution, Göttingen 1975, S. 262 – 270.

[25] Wolfram Wette: Die militärische Demobilmachung in Deutschland 1918/19. In: Geschichte und Gesellschaft 12, 1986, S. 72, Anm. 35, Erlaß des Kriegsministeriums vom 4. Januar 1919.

[26] Ebd., S. 72. Über den Aufbau, Organisation, Stärke und militärische Unternehmungen von Freikorps. In: Ulrich Kluge: Soldatenräte und Revolution, Göttingen 1975, S. 283 – 300.

[27] Vgl. Ulrich Kluge: Soldatenräte und Revolution, Göttingen 1975, S. 275.

[28] Ebd., S. 352 – 357. "Die unangetastete Fortexistenz starker personeller und institutioneller Elemente des ehemals kaiserlichen Heeres in einem neuen verfassungspolitischen Rahmen war Hauptkennzeichen einer gescheiterten Revolution auf militärischem Gebiet. Die traditionell antirepublikanische und antidemokratische Haltung des alten Offizierskorps, das in leitenden Positionen des neuen Wehrsystems saß, schuf eine von starken Widersprüchen belastete innenpolitische Lage, aus der sich die Republik von Weimar nicht mehr befreien konnte.", S. 352.

[29] Vgl. Burkhard Asmuss: Republik ohne Chance? Berlin 1994, S. 69 – 76.

[30] Richard Bessel: Die Heimkehr der Soldaten. In: Gerhard Hirschfeld u. a. Hg.: >Keiner fühlt sich hier mehr als Mensch...<, Frankfurt a. M. 1996, S. 268 f.

[31] Burkhard Asmuss: Republik ohne Chance? Berlin 1994, S. 73 f.

[32] Vgl. Wolfgang Benz: Legenden, Lügen, Vorurteile. Ein Wörterbuch zur Zeitgeschichte, 6. Aufl., München 1994, S. 59. Als Hauptauslöser für den Versailler Vertrag sah die nationale Rechte die Legende von "Dolchstoß" an. Dazu die Aussagen von Hindenburg und Ludendorff vor dem parlamentarischen Untersuchungsausschuß der Nationalversammlung am 18.11.1919 in Berlin. Die

deutsche Rechte hat diese These begierig aufgenommen. Den demokratischen Politikern machte sie zum Vorwurf, mit der Annahme der Waffenstillstandsbedingungen wie des Versailler Friedensvertrages den deutschen Zusammenbruch gefördert zu haben. "Nicht die glücklosen Militärs, sondern die Politiker wurden >Novemberverbrecher< genannt. Sie traf der Vorwurf, sie hätten das Heer von hinten erdolcht. Mit dieser Legende denunzierte die Rechte die Weimarer Republik.", S. 61.

[33] Ulrich Kluge: Soldatenräte und Revolution, Göttingen 1975, S. 211.

[34] Vgl. Richard Bessel: Die Heimkehr der Soldaten. In: Gerhard Hirschfeld u. a. Hg.: >Keiner fühlt sich hier mehr als Mensch...<, Frankfurt a. M. 1996, S. 269 f. u. 276 ff.

[35] Ebd., S. 277. "Diese Prozesse [in der öffentlichen und politischen Diskussion u. a. um "Feiglinge" und "Drückeberger" geführt] müssen vor dem Hintergrund einer generellen Wiederherstellung dessen, was man bürgerliche Normalität nennen könnte Mitte der zwanziger Jahre, gesehen werden."

[36] Vgl. Burkhard Asmuss: Republik ohne Chance? Berlin 1994, S. 72. Asmuss beschreibt hier die Hoffnung der deutschen Öffentlichkeit im November 1918, als diese noch nahezu einhellig der SPD-Führung zutraute, einen politischen und wirtschaftlichen Neuanfang bei gleichzeitiger Etablierung des demokratisch-parlamentarischen Systems durchzusetzen und zu gestalten.

[37] Vgl. Gerald D. Feldman: Die Demobilmachung und die Sozialordnung in der Zwischenkriegszeit in Europa. In: Geschichte und Gesellschaft 9, 1983, S. 172 f.

[38] Wolfram Wette: Die militärische Demobilmachung in Deutschland 1918/19. In: Geschichte und Gesellschaft 12, 1986, S. 72.

[39] Vgl. Ulrich Kluge: Soldatenräte und Revolution, Göttingen 1975, S. 350. Kluge geht hier zusammenfassend auf die Ursachen und Bedeutung der Freikorps als politisches Instrument der alten Militäreliten gegen die militärische Rätebewegung und die Republik überhaupt ein. "Statt der Gefahr von linksradikaler Seite her sah sich die junge Republik fast vom ersten Tage ihrer Existenz an der Bedrohung durch antidemokratische, antirepublikanische und außerhalb jeder staatlichen Kontrolle stehende Sonderformationen der überkommenen Kommandobehörden in Gestalt der Freikorps ausgesetzt."

[40] Vgl. Michael Geyer: Die Kriegsopferversorgung in Frankreich, Deutschland und Großbritannien nach dem Ersten Weltkrieg. In: Geschichte und Gesellschaft 9, 1983, S. 230 – 277. Der zentrale Konflikt für die zuständigen Behörden wie für die Republik überhaupt war im Zusammenhang mit der Versorgung der Hinterbliebenen, der Kriegsopfer und Beschädigten "Sozialleistungsexplosion" oder "Vertrauensverlust", S. 273. Auch Richard Bessel: Die Heimkehr der Soldaten. In: Gerhard Hirschfeld u. a. Hg.: >Keiner fühlt sich hier mehr als Mensch...<, Frankfurt a. M. 1996, S. 271, Anm. 40. Bessel weist hier darauf hin, daß ein nicht zu unterschätzender Anteil an beschädigten Kriegsveteranen nach dem Krieg auf das Betteln angewiesen war. Das in der Öffentlichkeit wahrgenommene Bild verursachte heftige Auseinandersetzungen über sie. Zum Teil wurde ihnen unterstellt, sie seien gar keine Kriegsveteranen oder Kriegsopfer.

[41] Ulrich/Ziemann: Krieg im Frieden, Frankfurt a. M. 1997, S. 118 – 123.

[42] Vgl. Richard Bessel: Die Heimkehr der Soldaten. In: Gerhard Hirschfeld u. a. Hg.: >Keiner fühlt sich hier mehr als Mensch...<, Frankfurt a. M. 1996, S. 275.

[43] Ebd., S. 272 f.

[44] Ebd., S. 273 ff. Bessel unterstreicht in diesem Zusammenhang, daß bei aller staatlichen Intervention viele heimgekehrte Kriegsteilnehmer an ihre angestammten Arbeitsplätze nicht zurückkehrten oder sie bald wieder verließen, S. 274. Die Gründe waren vielschichtig. Einer aber, der die tatsächlichen Bemühungen des Staates zur Wiederaufnahme von Arbeit ins Gegenteil verkehrte war, daß die angebotenen Arbeiten, so z. B. Arbeitsbeschaffungsmaßnahmen in der Landwirtschaft, als unangemessen empfunden wurden, S. 274. Einmal wegen der

Facharbeiterqualifikation, zum anderen wegen der Erwartungen an eine angemessene Entschädigung für die Kriegsteilnahme. Die Kriegsveteranen hielten es für ihr gutes Recht, angemessene Arbeitsplätze, Versorgung und Entschädigungen vom Staat zu erhalten. Schließlich hatten sie vier Jahre ihr Leben für die Nation eingesetzt. Da der Weimarer Staat nicht mit der nationalen Tradition des Kaiserreiches brechen konnte, war er für die Menschen der Nachkriegszeit der legitime Träger der Kriegsfolgen.

[45] Richard Bessel: Kriegserfahrungen und Kriegserinnerungen. Nachwirkungen des Ersten Weltkrieges auf das politische und soziale Leben der Weimarer Republik. In: Marcel v. d. Linden u. a. Hg.: Kriegsbegeisterung und mentale Kriegsvorbereitung, Berlin 1991, S. 136 f.

3.2 Freikorps, Wehrverbände und Frontkämpferbünde

Im Ergebnis des militärischen Zusammenbruchs und der Auflösung der alten kaiserlichen Armee sind im Zuge der revolutionären Ereignisse verschiedene militärische Übergangsformationen entstanden, die über ihre zeitlich begrenzte Bedeutung hinaus Einfluß auf die politische und ideologische Auseinandersetzung in den zwanziger Jahren der Weimarer Republik hatten. Für ihr Entstehen gab es unterschiedliche sachlich und politisch motivierte Gründe.[1]

Aus den Verbänden des Selbstschutzes, die in den Revolutionstagen entstanden waren, den Heimwehren und den für die Sicherung des Grenzschutzes zuständigen Freikorps wurden nach und nach politische Kräfte und Gruppen, die in antidemokratischer Haltung für die Beseitigung der Weimarer Republik eintraten.[2] Die allgemeine öffentliche Propaganda gegen den neuen Staat verstärkte sich ab dem Zeitpunkt, als die Annahme des Versailler Vertrages unumgänglich wurde und die Einführung des Verfassungswerkes von Weimar als zukünftiger politischer Weg feststand.[3]

Schon in der ersten Phase der Revolution kam es zu der Aufstellung von freiwilligen Verbänden, seit Anfang 1919 zur Aufstellung von Freikorps und zur Gründung von Verbänden ehemaliger Frontsoldaten.[4] Die freiwilligen Verbände und die Freikorps wurden allgemein als militärischer Schutz für die Übergangsregierung eingesetzt. Zu ihren Aufgaben gehörten die Aufrechterhaltung der inneren Ordnung und Ruhe sowie der Grenzschutz, zum Teil aber auch die Bekämpfung linksradikaler Tendenzen.[5] Demgegenüber verstanden sich die Verbände der Frontkämpferbünde als nichtmilitärische und zunächst vorwiegend soziale Interessengruppen der ehemaligen Soldaten.[6] In ihrem späteren Rückblick auf die Erfahrungen des Krieges und insbesondere das Fronterlebnis interpretierten sie die Erfahrungen der Soldaten im Krieg als eine geistige Haltung, zum "Geist der Frontsoldaten". Aus ihm sollte sich eine neue nationale Zukunft entwickeln.[7] Beispielsweise setzte der jüdische Frontkämpferbund auf ähnliche Erklärungen. Auch er orientierte sich an der Illusion des ursprünglichen Gleichheitserlebnisses in den Schützengräben und der gemeinsamen Erfahrungen der "guten Kameradschaft" ohne Unterschied des Standes und des Vermögens.[8] Gleichzeitig wollte der jüdische Frontkämpferbund Abwehrverein gegenüber antisemitischen Angriffen und Vorwürfen sein, in denen den am Krieg beteiligten Juden unterstellt wurde, daß die jüdischen Soldaten nicht gleichermaßen die Lasten des Krieges wie ihre deutschen Kameraden mitgetragen hätten.[9]

Im Rahmen der politischen Entwicklung setzte sich bei vor allem monarchistisch und nationalistisch ausgerichteten Frontkämpferbünden allmählich eine geistige Haltung durch, die bereits in der Anfangsphase der Republik zunehmend eine radikal ablehnende und national-konservative Ausrichtung erhielt. Die nationalistischen Kräfte mußten erkennen, daß ihre Hoffnungen auf einen nationalen Wiederaufbau vorerst gescheitert waren. Sie lehnten die neue Republik und deren politische Machtträger, denen sie verächtlich gegenüberstanden, grundsätzlich ab. Sie verstanden sich gegenüber der neuen Republik als nationale Opposition.[10] Zweierlei Ziele verfolgten diese nationalistischen Gruppen mit ihren Bünden, Vereinen und Verbänden. Sie wollten einerseits legitime Interessenvertreter der ehemaligen Frontsoldaten sein und knüpften deshalb besonders hartnäckig an die Vorstellung vom Fronterlebnis als Gemeinschaftserlebnis an. Hieraus leiteten sie ihren Anspruch und ihre Hoffnungen auf einen deutschen Volksstaat mit militärisch-autoritäter Herrschaftsbasis ab.[11] Sie propagierten in der Öffentlichkeit, daß sie die wahren Vertreter der Nation im Kriege gewesen seien." In dieser Zeit wurde die nationale Bewegung zur Opposition. All die Bünde, die sich in den ersten Wochen und Monaten des Zusammenbruchs gebildet hatten, waren zunächst Selbstschutzverbände, die sich der drohenden Auflösung des Staates entgegen warfen. Es hatte sich in ihnen der beste Teil des Frontsoldatentums zusammengefunden, jener Teil, in dem die Idee der Nation zu Fleisch und Blut geworden war. Als die Führung des neuen Staates Idee und Ehre der Nation preisgab (hier ist die Annahme des Versailler Friedensvertrages gemeint), mußte sich dieses Frontsoldatentum gegen sie kehren."[12]

Die sich radikalisierende antidemokratische Haltung dieser monarchistisch konservativen und nationalistisch motivierten Gruppen gegen die Weimarer Republik waren die logische Konsequenz in der politischen Auseinandersetzung zu Beginn der zwanziger Jahre und führten zu den Umsturz- und Putschversuchen von Kapp-Lüttwitz 1920 in Berlin und Hitler 1923 in München. Die zwar antidemokratische, aber unsichere Haltung der national ausgerichteten Wehr- und Frontkämpferbünde zu den sich hier formierenden Kräften zeigte sich in ihrer abwartend passiven Haltung gegenüber möglichen Erfolgen der Umsturzpläne.[13] Erst mit dem Scheitern des Kapp-Lüttwitz-Putsches erkannte nun auch die Regierung, welche Gefahren für den Bestand der demokratischen Ordnung von den bis dahin geduldeten

Einwohnerwehren, Zeitfreiwilligenverbänden und den Freikorps ausgingen, denn deren Mitbeteiligung an den Putschen war nicht zu übersehen.

In nunmehriger Gegnerschaft zu diesen bewaffneten Gruppen, die nicht in die regulären Streitkräfte integriert waren, wurde seitens der Regierung deren Auflösung betrieben, was in seiner Konsequenz aber nicht zur vollständigen Auflösung der bewaffneten Gruppen führte. Diesen gelang es im Gegenteil, die Waffenabgabe entweder zu verhindern bzw. geheime Waffendepots anzulegen. Einige von ihnen tauchten später einfach unter anderem Namen wieder in der Öffentlichkeit auf.[14] Solche zum Teil illegalen militaristischen Formationen beteiligten sich auch an der Vorbereitung des Hitler-Putsches 1923.

Die wichtigsten legalen nationalistischen Verbände waren unter anderen der Jungdeutsche Orden, der Wikingerbund und die Reichsflagge.[15] Im Bündnis mit der aufstrebenden Organisation und Partei der Nationalsozialisten, der NSDAP, kam es auf Betreiben Röhms und anderer hoher ehemaliger Militärs Anfang 1923 zu einem nationalen Bündnis verschiedener Gruppen und Verbände in Bayern mit der NSDAP. Der Bund Oberland, die Reichsflagge, der Vaterländische Verein München sowie der Kampfbund Niederbayern gingen hier mit der Führungsspitze der SA (Sturmabteilung der NSDAP) unter Hauptmann Röhm und der NSDAP unter der Führung Hitlers die "Arbeitsgemeinschaft der Vaterländischen Kampfverbände" ein.[16] Das monarchistische Gegenstück waren die "Vereinigten Vaterländischen Verbände Bayerns" als Dachorganisation der nationalistischen Gruppen Bayerns unter Führung des ehemaligen Ministerpräsidenten von Kahr. Ihnen gegenüber unterschied sich das unter Mitwirkung Röhms und Hitlers entstandene Bündnis stark in seinen militanten, radikalen und faschistischen Zielen.[17] Interne Rangeleien im neuen Bündnis und in der NSDAP zwischen Ernst Röhm als unumschränktem Führer der SA und Hitler um Führungsansprüche führten letztlich wenige Monate nach dem gescheiterten Putschversuch in München im Auftrag Hitlers zur Gründung der "Sturmtruppe", die seit 1925 als SS bezeichnet wurde. Sie sollte fortan als persönliche Verfügungstruppe Hitlers nur seinem Oberbefehl untergeordnet sein.[18]

Das Scheitern des Putschversuches von Kapp 1920 war bei aller Verschiedenheit der nationalistischen Kräfte der Republik nicht auf die Stärke der verfassungstreuen Kräfte der Republik allein zurückzuführen.[19] Zwar wird dazu in der Literatur stets angeführt, daß vor allem die Weigerung des leitenden Personals der legitimen Reichsregierung zur Zusammenarbeit mit Kapp den entscheidenden Widerstand geleistet habe.[20] Doch in Anbetracht der Tatsache, daß die Regierung in dieser Situation nach Stuttgart fliehen mußte und in ihrer Ohnmacht in aller Eile lediglich einen spontanen Aufruf zum Generalstreik verbreiten ließ, zeigt deutlich, wie wenig sie ihrer tatsächlichen Macht und selbst diesem Personal vertraute. Nicht zuletzt verwirrte sie erheblich mit dieser Handlungsweise die der Regierung ergebenen Truppen.[21] Insofern war sie auch hilflos gegen die sich aufbäumende Streikwelle der Arbeiterschaft. Erst nach Sicherstellung der Loyalität süd- und westdeutscher Truppenverbände veränderte sie schlagartig ihre Haltung gegen die Arbeiterschaft und den Generalstreik. In aktiver Reaktion auf die Putschversuche mobilisierten 1920 vor allem die politische Arbeiterschaft und Teile der Gewerkschaften entscheidende gesellschaftliche Kräfte zum Schutz der Republik. Durch sie und den von ihnen getragenen Generalstreik konnten die Pläne Kapps und seiner politisch-militärischen Clique im wesentlichen mit vereitelt werden. Die sich im Verlauf des Generalstreiks militant radikalisierenden Gruppen der Arbeiterschaft im Ruhrgebiet wurden in bürgerkriegsähnlicher Situation in den Ruhrkämpfen von regierungstreuen Truppen der Reichswehr blutig niedergeschlagen. Nicht die Urheber des Putsches und ihre Gehilfen kamen in die Verantwortung, sondern die sich erneut erhebende und revolutionierende Arbeiterschaft.[22] Gleiches gilt für das Vogtland und Mitteldeutschland.[23]

Das Scheitern des Kapp-Putsches in seiner Gesamtheit war vor allem ein Ausdruck der politischen Uneinigkeit innerhalb der antidemokratisch-monarchistischen und nationalen Kräfte selbst. Die Niederlage des Hitler-Putsches 1923 begründete sich u. a. aus der organisatorischen und politischen Schwäche des aufstrebenden Nationalismus.[24] Hitler, der ursprünglich auf die Unterstützung oder zumindest auf das Stillhalten der Reichswehr vertraute, setzte damit auf ein Konzept, wonach er im Handstreich und unter direkter Anwendung von Gewalt erst in Bayern und dann im ganzen Reich die Macht an sich reißen wollte.[25] Das scheiterte nicht zuletzt deshalb, weil Hitler nicht das Vertrauen der monarchistischen Kräfte besaß und seine "Hausmacht" noch zu kraftlos war.

Was beide, wenn auch gescheiterten, Putschversuche generell aufzeigen ist, wie die tatsächlichen Machtverhältnisse in der neuen demokratischen Republik verteilt waren. Das zukünftige Zünglein an der Waage war die meist im Hintergrund agierende Reichswehr mit ihrer Führung. Bezeichnenderweise antwortete deren Chef, General von Seekt, 1923 auf die Frage Eberts, wo die Reichswehr stehe: "Die Reichswehr, Herr Reichspräsident, steht hinter mir."[26] Die dahinter stehenden Motive für das letztliche Festhalten an der Republik waren vielschichtig. Am deutlichsten aber repräsentierte sich die Haltung der alten monarchistischen Kräfte im Reichspräsidenten Hindenburg. "Er betrachtete gerade aus soldatischem Pflichtbewußtsein die demokratische Verfassung, obwohl er sie gewiß nicht aus dem Herzen bejahte, doch als bindend und hielt sich nicht für berechtigt, sich über sie hinwegzusetzen.[27] Erst mit seinem Tod im Jahre 1934 verschränkte sich die bis dahin legitime, den Sinn des Soldatentums und militärischer Organisation erfüllende Tradition der Reichswehr mit der die soldatischen Traditionen verkehrenden nationalsozialistischen Bewegung und ihren Kampfverbänden.[28] Während die Dienstpflicht in der Reichswehr als "Befehle in Dienstsachen" bezeichnet wurde, verstand die nationalsozialistische Bewegung Befehle als "Befehle in Weltanschauungssachen".[29]

Dieser Entwicklung hatte der von der SPD 1924 ins Leben gerufene Reichsbanner Schwarz-Rot-Gold nur geringen Widerstand entgegenzusetzen. Das gleiche gilt für den ebenfalls 1924 gegründeten Rot-Front-Kämpferbund der KPD. Beide waren als parteipolitische Bünde aus den Auseinandersetzungen um den Hitlerputsch sowie in politisch motivierten Abgrenzungen gegeneinander in dessen Anschluß hervorgegangen.[30] Während sich der Reichsbanner als außerparlamentarisch-republikanische Gegenwehr verstand, betrachtete sich der Rot-Front-Kämpferbund als proletarische, antimilitaristische Wehr- und Schutzorganisation der Arbeiterklasse unter Leitung der Kommunisten.[31]

Allen Kampfbünden in Abwandlungen gleich war ihr unbewaffneter, aber militärischer Aufbau in den Organisationen. Neben politischer Agitation gehörte die militärische Ausbildung der Mitglieder zum Kampfprogramm.[32] Bis auf die republikanischen Kampfbünde war ihnen noch gleich die gemeinsame Ablehnung der Weimarer Republik.[33] Es kam irrationalerweise sogar punktuell zur Zusammenarbeit zwischen Kommunisten und Nationalsozialisten. "Für die Existenz und das Überleben der Weimarer Republik war nicht entscheidend, in welchem politischen Lager sich die Gegner befanden und womöglich ideologisch in einzelnen Punkten übereinstimmten, sondern daß sie in all diesen verschiedenen nationalen Kräften keine Stütze ihres Systems, sondern ausschließlich Gegner hatte."[34]

Nirgendwo lassen sich die geistige Haltung und ihr antirepublikanischer Horizont besser nachvollziehen als in der ideologischen Auseinandersetzung um das "wahre" Fronterlebnis in der Literatur der zwanziger Jahre. Und auch hier war es wieder Hitler, der für sich und seine Bewegung in Anspruch nahm, das Erbe der Frontsoldaten des Weltkrieges zu verwalten. "So wie damals in den Soldaten, so sei das wahre Deutschland jetzt in den Männern der nationalsozialistischen Bewegung verkörpert, unter denen tatsächlich viele Frontsoldaten waren, insbesondere solche, die sich nicht wieder ins zivile Leben hatten zurückfinden können."[35]

Anmerkungen:

[1] Zur Organisation, sozialen Zusammensetzung und politischen Einstellung vgl. Hagen Schulze: Freikorps und Republik 1918 – 1920. In: Militärgeschichtliche Studien, Hg. Militärgeschichtliches Forschungsamt, Boppard a. Rhein 1966, S. 34 – 54.

[2] Vgl. Ulrich Kluge: Soldatenräte und Revolution, Göttingen 1975. Auch Kurt Sontheimer: Antidemokratisches Denken in der Weimarer Republik, 4. Aufl., München 1994, S. 22.

[3] Kurt Sontheimer: Antidemokratisches Denken in der Weimarer Republik, 4. Aufl., München 1994,, S. 22. Auch Burkhard Asmuss: Republik ohne Chance? Berlin 1994, S. 211 – 217, Richard Bessel: Die Heimkehr der Soldaten. In: Gerhard Hirschfeld u. a. Hg.: >Keiner fühlt sich hier mehr als Mensch...<, Frankfurt a. M. 1996, S. 275.

[4] Vgl. Gründung des Stahlhelms in Magdeburg im Dezember 1918. In: Volker R. Berghahn: Der Stahlhelm. Bund der Frontsoldaten 1918 – 1935, Düsseldorf 1966, S. 13 – 26. Auch der Bund jüdischer Frontsoldaten in Berlin im Januar 1919. In: Ulrich Dunker: Der Reichsbund jüdischer Frontsoldaten 1919 – 1938. Geschichte eines jüdischen Abwehrvereins, Düsseldorf 1977, S. 27 – 32.

[5] Vgl. Hagen Schulze: Freikorps und Republik 1918 – 1920, Boppard a. Rhein 1966, S. 37. Schulze weist darauf hin, daß es sich bei einer Vielzahl der angeworbenen Soldaten nicht um bewußt konterrevolutionäre Soldaten gehandelt habe. Einmal, weil ein wesentlicher Mannschaftsanteil von ehemaligen Frontoffizieren gestellt wurde, für die die ablehnende Geisteshaltung gegenüber den neuen politischen Verhältnissen zwar bestimmend, aber in Bezug auf die tatsächlichen Handlungen weitestgehend republikanisch legitimiert waren. Darüber hinaus stellte die vorläufig gebotene soziale Absicherung durch die Übergangsregierung in der Anfangsphase eine erhebliche Motivation dar, in die Freikorps einzutreten. Als weiteren Punkt sieht Schulze die hohe Fluktuation in den Formationen einerseits sowie die personalen Beziehungen zwischen Führer und Mannschaft andererseits. Der nicht exakt definierbare "Freikorpsgeist" war also zunächst allgemein als Rebellion gegen die chaotischen Verhältnisse zu verstehen, wobei sich die Freikorps gleichermaßen gegen die bürgerlichen wie radikal-revolutionären Forderungen und Handlungen richteten. In diesem Zusammenhang sei besonders die ausgeprägte Führerschaft eine verhängnisvolle Entwicklung gewesen, da die Mannschaften unter zum Teil selbst ernannten Führern für jedes Ziel bereit waren zu kämpfen.

[6] Vgl. Volker R. Berghahn: Der Stahlhelm. Bund der Frontsoldaten, Düsseldorf 1966, S. 15, Anm. 2. "[...] mehr als 1000 Frontsoldaten forderten die leitenden Stellen auf, weit mehr als bisher für die Interessen der heimgekehrten Frontsoldaten zu sorgen, besonders sie in ruhigen, sorgenfreien Stellen, wie z. B. im Wachregiment usw., anzustellen. Wenn nicht genügend solcher Stellen vorhanden sind, müssen unter Umständen Leute, die während des Krieges solche Stellen bekleidet haben, solche räumen, um die Frontsoldaten vor dem Zigeunerleben der Notstandsarbeiten zu bewahren." Zit. nach Magdeburger Zeitung vom 07.01.1919, Abendblatt, S. 3.

[7] Bernd Hüppauf: Ansichten vom Krieg. Vergleichende Studien zum Ersten Weltkrieg in Literatur und Gesellschaft, Königstein/Ts. 1984, S. 75.

[8] Ulrich Dunker: Der Reichsbund jüdischer Frontsoldaten 1918 – 1938, Düsseldorf 1977, S. 29.

[9] Ebd.

[10] Vgl. Hagen Schulze: Freikorps und Republik 1918 – 1920, Boppard a. Rhein 1966, S. 69.

[11] Vgl. Kurt Sontheimer: Antidemokratisches Denken in der Weimarer Republik, 4. Aufl., München 1994, S. 23.

[12] Zit. nach A. Winnig: Das Reich als Republik, 1. Aufl., Stuttgart 1930, S. 101. In: Kurt Sontheimer: Antidemokratisches Denken in der Weimarer Republik, 4. Aufl., München 1994, S. 23 f., Anm. 7.

[13] Vgl. Volker R. Berghahn: Der Stahlhelm, Düsseldorf 1966, S. 27 – 29.

[14] Ebd.

[15] Vgl. Kurt Sontheimer: Antidemokratisches Denken in der Weimarer Republik, 4. Aufl., Frankfurt a. M. 1994, S. 27. Sontheimer führt in seiner Anm. 14 zahlreiche andere Verbände auf, von denen eine ganze Reihe bereits vor 1918 bestanden hat. Er unterteilt hierbei in nationale und völkische Bünde. Diese Bünde seien größtenteils in ihrem alten Nationalismus und Wilhelminismus restaurativ ausgerichtet gewesen und bekämpften die Republik wegen ihres demokratischen Staatsaufbaus.

[16] Vgl. Joachim Fest: Hitler. Eine Biographie, Bd. 1: Der Aufstieg, Frankfurt a. M. 1976, S. 243.

[17] Ebd.

[18] Ebd., S. 244.

[19] Vgl. Heinz Hürten: Bürgerkriege in der Republik. Die Kämpfe um die innere Ordnung von Weimar 1918 – 1920. In: Bracher/Funke/Jacobsen Hg.: Die Weimarer Republik 1918 – 1933. Politik, Wirtschaft, Gesellschaft, 2. Aufl., Düsseldorf 1988, S. 90.

[20] Ebd., S. 89 f.

[21] Vgl. Aufruf zum Generalstreik gegen den Kapp-Putsch vom 13. März 1920. In: Heinz Hürten Hg.: Deutsche Geschichte in Quellen. Weimarer Republik und Drittes Reich 1918 – 1945, Bd. 9, Stuttgart 1995, S. 77 f.

[22] Vgl. ebd., S. 90 f. Weil, so kommt Hürten zu dem Schluß, allein die links-radikale Arbeiterschaft den Kampf gegen Kapp und Lüttwitz im Ruhrgebiet und im Vogtland nicht nur mit den Mitteln des Generalstreiks geführt habe. Ihre radikalen, revolutionären Forderungen mündeten zwar in der militärischen Herrschaft, hätten aber keinen politisch organisierten Rückhalt besessen. Als politische Herausforderung gegen die Regierung unterlagen sie dann im militärischen Kampf, weil ihr Rückhalt in der Bevölkerung insgesamt ebenfalls zu gering war.

[23] Vgl. Max Hölz: Vom >Weißen Kreuz< zur Roten Fahne. Jugend-, Kampf- und Zuchthauserlebnisse, Halle-Leipzig 1984, S. 113 – 149. Hölz führt das Scheitern der drei Aufstände im Ruhrgebiet, im Vogtland und in Mitteldeutschland auf die politische Uneinigkeit der führenden Arbeiterparteien zurück und betont in diesem Zusammenhang besonders die opportunistische Haltung der KPD gegenüber der SPD im Vogtland und in Mitteldeutschland, S. 137 f.

[24] Klaus Schwabe: Der Weg der Republik vom Kapp-Putsch 1920 bis zum Scheitern des Kabinetts Müller 1930. In: Bracher/Funke/Jacobsen Hg.: Die Weimarer Republik 1918 – 1933, 2. Aufl., Düsseldorf 1988, S. 112 ff.

[25] Joachim C. Fest: Hitler. Der Aufstieg, Bd. 1, Frankfurt a. M. 1976, S. 246. "Eine unvorhergesehene Wendung und die Heftigkeit seines Temperaments hatten ihm eine gänzlich verkehrte Feldordnung aufgenötigt: Unvermittelt hatte er die Reichswehr, deren Macht ihn mächtig gemacht hatte, nicht mehr in seinem Rücken, sondern frontal und drohend gegen sich gesehen."

[26] Ebd., S. 251.

[27] Hans Buchheim: Befehl und Gehorsam. In: Buchheim/Broszat/Jacobsen/Krausnik Hg.: Anatomie des SS-Staates, 6. Aufl., München 1994, S. 217.

[28] Ebd., S. 222.

[29] Ebd.

[30] Vgl. Helga Gotschlich: Zwischen Kampf und Kapitulation. Zur Geschichte des Reichsbanners Schwarz-Rot-Gold, Berlin 1987, S. 19 u. 25.

[31] Vgl. Helga Gotschlich: Zwischen Kampf und Kapitulation. Zur Geschichte des Reichsbanners Schwarz-Rot-Gold, Berlin 1987, S. 25.
[32] Helga Gotschlich: Zwischen Kampf und Kapitulation. Zur Geschichte des Reichsbanners Schwarz-Rot-Gold, Berlin 1987, S. 24 f.
[33] Vgl. Kurt Sontheimer: Antidemokratisches Denken in der Weimarer Republik, 4. Aufl., München 1994, S. 39.
[34] Ebd., S. 40.
[35] Hans Buchheim: Befehl und Gehorsam. In: Buchheim u. a. Hg.: Anatomie des SS-Staates, 6. Aufl., München 1994, S. 218.

3.3 Fronterfahrungen in der Literatur und ihre Ideologisierung zum "Fronterlebnis"

Der Erste Weltkrieg bedeutete für den Einzelnen wie für die deutsche Gesellschaft allgemein eine grundlegende Zäsur aller bisherigen Erfahrungen und Vorstellungen. Der Krieg nötigte die Zeitgenossen, die Bahnen des Gewohnten, des Bisherigen zu verlassen und andere, neue Wege zu gehen. Verhaltensweisen, Einstellungen und das Bewußtsein der Menschen änderten sich. Die Verarbeitung der Erfahrungen, die Erinnerungen und Erzählungen der Überlebenden des Krieges oder auch ihr Schweigen oder Verstummen sprechen dafür eine beredte Sprache.[1]

Das Phänomen der individuellen und kollektiven Verarbeitung der Fronterfahrungen in literarischer Form ist deshalb von entscheidender Bedeutung für den Prozeß der Ideologisierung des Fronterlebnisses, weil sich hier gleich einem Fokus sämtliche subjektiven und gesellschaftlichen Vorstellungen und Tendenzen in einem Bündel von Darstellungen, Beschreibungen und Erklärungen zusammengefaßt manifestieren.[2] Das zeitlich verstärkte Auftreten von Kriegsromanen am Ende der zwanziger Jahre, in denen das Fronterlebnis der deutschen Soldaten überwiegend in kriegsbejahender Weise dargestellt wurde, spiegelt darüber hinaus die konkreten politischen Verhältnisse der Weimarer Republik wider.[3] Die Perspektive der Darstellungen des Fronterlebnisses beschränkte sich in den meisten Kriegsromanen auf die subjektiven Erfahrungen an der Front als Raum der Bewährung, des männlichen Bestehens und der Kameradschaft.[4]

Während zwischen 1914 bis 1925 55 Romane erschienen, erschienen im darauffolgenden Jahrzehnt zwischen 1926 und 1935 198 Romane. Der Höhepunkt lag zwischen 1926 und 1930 mit allein 72 Romanen[5], wobei die Jahre 1928/29 einen Wendepunkt in der literarischen Auseinandersetzung darstellten.[6] Im allgemeinen lassen sich vier größere Bereiche herausstellen, in denen Fronterlebnisse und Fronterfahrungen verarbeitet wurden. Neben der Tagespresse[7] und literarischen Zeitschriften[8] sind hier Feldposteditionen[9], eine Reihe von politisch-philosophischer Literatur[10] sowie die Kriegsromanliteratur[11] anzuführen. Der Prozeß der Erinnerung fixierte sich dabei für das breit angesprochene Publikum vor allem in Autobiographien und autobiographischen Darstellungen. Die Auseinandersetzung mit dem Fronterlebnis wurde aber auch in den wissenschaftlichen Disziplinen wie der Psychologie und Psychiatrie, der Sprach- und Literaturwissenschaft sowie der Sozial und Geschichtswissenschaft weitergeführt.[12] Der Diskurs war in seiner Wirkung generationsübergreifend.[13]

Für die literarische Beurteilung werden in der Forschungsliteratur drei Typen von Kriegsromanen bestimmt: Der erste Literaturtyp ist der autobiographische Kriegsroman, in dem ein persönliches Schicksal im Vordergrund der Erlebnisse steht, ohne dabei einen deutlichen oder expliziten Vertretungsanspruch für andere Schicksale herzustellen. Der zweite und am häufigsten vorkommende Typ ist der mit einem Vertretungsanspruch für eine Gruppe, in dem Einzelfigur oder Gruppe so angelegt sind, daß ein Vertretungsanspruch durch den Handlungsverlauf oder durch Verweise auf Handlungen außerhalb der Handelnden betont wird. Der dritte Typ versucht, durch Erweiterung des Handlungsraumes einem Gesamtbild vom Krieg nahe zu kommen.[14]

Für die inhaltlichen und politischen Tendenzen können für die Kriegsromane drei allgemeine Positionen bestimmt werden, wobei Überschneidungen möglich sind.[15] In einer literarischen Gruppe zusammengefaßt versammeln sich in der ersten Position die kriegskritischen Romane. Die Zahl ihrer Veröffentlichungen war aber, gemessen an der Zahl nationalistischer und völkischer Romane, eher gering. Ihrem Inhalt nach waren sie vor allem auf ein pazifistisches und humanes, meist antiheroisches Verhalten ihrer Figuren gerichtet,[16] zum Teil aber auch auf eine zynisch-aggressive Ablehnung gegen den Krieg selbst.[17] Die emotionale Kritik der Autoren richtete sich gegen die Verlogenheit einer Gesellschaft, die mit ihrem "Hurra-Patriotismus" und den Phrasen vom Heldentum die Realitäten des Erlebten im Krieg und die Erinnerungen daran verdrängte und statt dessen ins Sakrale, Mythische und Kultische erhob.[18] Neben einer allgemeinen und grundlegenden Ablehnung des Krieges bestimmten die Kritik an den Vorgesetzten, an den Mißständen in der Armee sowie die Strapazen und der Stumpfsinn des Kriegsalltages die Darstellungen. Verschieden und zum Teil auch widersprüchlich sind die Beschreibungen, Darstellungen und Hervorhebungen der Frontkameradschaft. Im kriegerischen Rahmen sollte sie aber für den überwiegenden Teil der Autoren Teil einer "großen Kameradschaft der Front" sein, durch die die Protagonisten eine positive und unzertrennliche Männerfreundschaft erfuhren. Die Figuren der Romane glaubten sich dadurch in der Lage, gegen die Bedrohung des Lebens, für den allgegenwärtigen Tod und die Schrecken des Krieges Trost und Hoffnung zu finden. Kameradschaft aus solcher Perspektive hatte den Zweck und die Funktion eines Selbstschutzes für den Einzelnen, sie bot Geborgenheit in der Truppe, spendete Trost und half dem einzelnen Soldaten, Depressionen und Isolation zu überwinden. Damit vermitteln die Autoren der kriegskritischen Romane nachträglich ihren humanitären Anspruch gegen den Krieg. Aus dieser Perspektive der Frontkameradschaft gelang es den Autoren aber nicht, eine Draufsicht auf die gesellschaftlichen Verhältnisse, unter denen es zum Krieg kam, und die daraus erwachsenden politischen Folgen herzustellen.[19] Statt dessen versuchten sie mit ihrer Darstellung von Frontkameradschaft, moralische Argumente aufzuwerfen, die die unerträglichen Lasten und die hierarchischen Verhältnisse an der Front darstellten. Nur wenigen kriegskritischen Autoren gelang es deshalb, die Begrenzungen ihrer Darstellungen auf die Fronterlebnisse und Erfahrungen zu überwinden, zu vernachlässigen oder zu durchbrechen.[20] Exemplarisch wurde dann dort, wo das geschah, das Gesellschaftssystem, das den Krieg hervorbrachte, ver- und abgeurteilt. Krieg bedeutete darin eine allgemeine Verschärfung und Verdeutlichung der gesellschaftlichen Widersprüche, wofür die allgemeine Ausbeutung und Unterdrückung der Menschen stand.[21] Mit dem Prozeß der Desillusionierung wuchs aus der Sicht dieser Autoren die Diskussion über den Sinn des Krieges und der passive Widerstand der Soldaten gegen den Krieg. Er mündete deshalb für sie in seiner kausalen Folge in revolutionären Aktionen.[22]

Die zweite Gruppe ist die der ambivalenten Kriegsromane. In ihr kommen sowohl kriegsbejahende als auch kritische Elemente vor. Durch das weitgehend unreflektierte Nebeneinander beider Elemente wird der Krieg aber eher verharmlost und steht somit der kriegsbejahenden Literatur näher. Wertende Stellungnahmen und Rechtfertigungen für die Ursachen oder den Sinn des Krieges fehlen hier.[23] Statt dessen beklagen die Protagonisten dieser Autoren im Höchstfall das unvermeidliche Schicksal des Einzelnen, einer Gruppe oder auch in einzelnen Büchern einer ganzen Generation. Mit letzteren korrespondiert die ambivalente Literatur ohne Zweifel mit der kriegskritischen.[24] Als Beispiel dafür stehen E. M. Remarques "Im Westen nichts Neues" und Carl A. G. Ottos "Im Osten nichts Neues". Remarques Protagonist erfährt das Schicksal, das Otto pathetisch verklärt: "Am glücklichsten von unserer Generation waren die, die kurz, schnell und schmerzlos den Heldentod starben, denn alles "Nachher" ist ihnen erspart geblieben."[25] Das jugendlich-lustige, stolze, tapfere und furchtlose Kriegstreiben der jungen, "guten" Soldaten, der "armen Tiere" endet hier. Trotz der zum Teil postulierten unfreiwilligen Teilnahme am Krieg, einer fehlenden Weitsicht über die gesellschaftspolitischen Zusammenhänge für den Krieg und trotz des Eingeständnisses von Angst und Schwäche der Protagonisten in den

Romanen betont der überwiegende Teil der Autoren neben den Opfern und Leiden der Frontsoldaten gleichzeitig deren Leistungen und stellen ihre Tapferkeit, ihren Gleichmut und auch ihre Kaltblütigkeit im Geschehen heraus. Das Töten war für sie ein schweres Geschäft, das aber nie in Frage gestellt wurde, denn es diente vor allem dem eigenen Überleben. Deshalb relativieren sich auch die in dieser Literatur aufgezeigten Bilder vom Gegner. Die Autoren scheuten sich nicht, die vorgekommenen Verbrüderungsaktionen der Frontsoldaten durchaus positiv zu werten. "Und da spricht man uns von Völkerhaß und unmöglicher Versöhnung."[26] Der weitgehende Verzicht auf eine Heroisierung des Krieges hinderte die Autoren dieser Gruppe jedoch nicht, die Frontkameradschaft positiv zu verklären. Dabei gingen sie nicht näher auf die Form oder Funktion der Frontkameradschaft ein, sondern erklärten nur, daß mit der Zunahme der Grausamkeit und Dauer des Krieges die Frontkameradschaft um so inniger wurde und sich selbst das Verhältnis zwischen Mannschaft und Frontoffizieren daraus positiv gestaltete. "Unsere Frontoffiziere leben und sterben mit uns und für uns."[27] Das Verhältnis zur Etappe und zur Heimat wurde dagegen kritischer beurteilt. Ein Teil der Autoren lehnte zwar die auf Sensationen ausgerichtete Propaganda und Manipulation für den Krieg in den Zeitungen in der Heimat und an der Front ab, verurteilte aber gleichzeitig die Streikaktionen der Arbeiter in der Heimat gegen den Krieg als kriegsschädigend. Mit solchen gegensätzlichen Darstellungen unterstützten die Autoren das Bild der Legende vom "Dolchstoß" mit, denn: "Die Heimat will uns im Stich lassen."[28] In der Heimat waren für sie die "Drückeberger" und hinter der Front die "Etappenschweine". Die Anklagen der Autoren gegen die Heimat und die militärischen Hierarchieverhältnisse münden für die Protagonisten nicht in einer emotionalen Auflösung des Konfliktes oder im Versuch rationaler Erklärungen für die aufgezeigten Gegensätze. Es führt auch aber nicht zu einer stilistischen Überhöhung des Soldatentums. Die Autoren erhoben für die Frontsoldaten nicht den Anspruch und die Legitimation, eine "völkische" Gesellschaftsordnung zu verwirklichen.[29] Wie bei den kriegskritischen Autoren stellten auch sie überwiegend heraus, daß die Leiden und Opfer der Soldaten an den Fronten nur mit Hilfe einer positiven Kameradschaft ertragen und überwunden werden können. Für die Autoren der ambivalenten Kriegsliteratur war deshalb die Frontkameradschaft zentrales Element ihrer Darstellungen über das Fronterlebnis.

Die dritte Gruppe ist die der kriegsbejahenden Romane, von denen zwischen 1928 bis 1931 die meisten erschienen sind und die mit Abstand den größten Anteil an

Kriegsromanen überhaupt stellt.[30] Geradezu beispielhaft beziehen die Protagonisten in diesen Romanen solche politischen Positionen, die in enormer Wirkung, durch die Propaganda der Nationalsozialisten aufgegriffen und noch verstärkt, einen breiten gesellschaftlichen Konsens fanden.[31] Neben den traditionellen monarchistischen Einstellungen zum Krieg wurden bereits visionäre Vorstellungen für eine völkisch-nationale Zukunft beschworen. Die rückwärts gewandten Bezüge waren freilich zur politischen Gegenwart gedacht und verbanden sich besonders hier mit Wunschvorstellungen für eine zukünftige deutsche Gesellschaft, die sich über traditionelle Werte hinaus an biologistischen und rassistischen sowie völkischen und auch faschistischen Vorstellungen und Zielen orientierte.[32] Das verstärkte publizistische Interesse an kriegsbejahender Literatur wird in der neueren Forschung einerseits auf die wirtschaftliche und politisch-soziale Krise am Ende der zwanziger Jahre der Weimarer Republik zurückgeführt, andererseits als eine konkrete Reaktion auf die Erfolge der Kriegsromane "Krieg" von L. Renn und "Im Westen nichts Neues" von E. M. Remarque gewertet.[33] Die literarische Rechte wollte ganz bewußt gegen sie mit dem Vorwurf antreten, die "Verzerrungen" der pazifistischen Kriegsliteratur, gemeint waren hier vor allem Renn, Remarque und später auch Edlef Köppen mit seinem 1930 erschienenen dokumentarischen Roman "Heeresbericht"[34], zu korrigieren, um statt dessen ihre Sicht von der "Wahrheit" über das Fronterlebnis zu präsentieren. In politisch konservativer und völkisch-national motivierter Ausrichtung rechtfertigten sie fast durchgängig die Teilnahme Deutschlands am Krieg als Verteidigungskrieg der Nation gegen die äußeren Gegner. In Anlehnung daran kam dem Augusterlebnis von 1914, dem propagierten Burgfrieden, den Schlachtenmythen sowie der Dolchstoßlegende als angebliche Ursache für den militärischen Zusammenbruch Deutschlands 1918 in den Romanen eine besondere Bedeutung zu. Weit mehr jedoch zentrierte sich ihr "wahres" Bild vom Krieg auf die Form des kämpfenden Kollektives, wobei die Glorifizierung der Fronterlebnisses und die Frontkameradschaft im Vordergrund standen. Die angeblichen soldatisch-männlichen Qualitäten der Frontsoldaten des Ersten Weltkrieges wie rücksichtslose Opferbereitschaft und heroische Entschlossenheit sollten aus dieser Perspektive zukünftig im Dienst der ganzen Volksgemeinschaft stehen und die Verwirklichung einer nationalen Einheit beschwören. Die Frontkameradschaft wurde deshalb für sie zum elementaren und stärksten Erlebnis im Krieg. Die Frontkameradschaft war für die kriegsbejahenden Autoren die notwendige Voraussetzung für eine nationale Zukunft. Sie war mit ihrer harten Schule für die Persönlichkeit der Soldaten zentrales

Element im Krieg. In ihr sollte die Erkenntnis für den Sinn des Krieges und das Leben überhaupt liegen.[35] Das postulierte Gefühl einer unbedingten Verläßlichkeit in der Frontkameradschaft sollte die tiefe innere Verbundenheit für das gemeinsame Leben und Sterben herstellen.[36] Die harten "Prüfungen" des Krieges fanden, so verstanden, ihre neue Legitimation in dem Auftrag für eine neue gemeinsame völkische Zukunft, im Glauben an einen nationalen Neuaufbau. Hier sollten die Fronterfahrungen des Krieges und insbesondere die der Frontkameradschaft im Angedenken an die Kriegstoten ihre Verwirklichung finden.[37] Der Erste Weltkrieg war in diesem Kanon nur eine mißglückte "Generalprobe". Der Endkampf um Deutschlands "Freiheit" sei deshalb neu zu entflammen. Die Autoren der kriegsbejahenden Literatur beurteilten den Krieg aber nicht nur als männliches Abenteuer, sondern er war für sie auch qualitatives Optimum menschlicher Existenzmöglichkeiten überhaupt. Und das stand für sie im krassen Widerspruch zur "Friedenszeit". Karl Benno von Mechows beschreibt dies in seinem Roman "Abenteuer" von 1930 stellvertretend, wenn er über die Friedenszeit ausführt, sie sei ein "[...] grauenvoll duselnder Trott der Gewöhnlichkeit."[38] Die psychologischen, soziologischen und politisch-sozialen Zwänge, die hinter den Erfahrungen der tatsächlichen Frontkameradschaft standen, wurden in der kriegsbejahenden Literatur konsequent ausgeklammert, umgedeutet und verklärt.[39] Für die Zukunft sollte das bedeuten: "Deutschland wird wieder frei sein, wenn das deutsche Volk seinen Frontsoldaten vertraut."[40] In diesem Sinne war das Interesse des Einzelnen hinfällig gegenüber dem Schicksal des Volkes[41], der Erfahrungshorizont der Soldaten nur auf Pflichtbewußtsein und Opferbereitschaft gerichtet. "Jeder wuchs über sich selbst hinaus und jede Kleinlichkeit fiel von ihm ab."[42] In solcher Haltung sahen die Autoren im Gemeinschaftserlebnis der Frontkameradschaft die Voraussetzungen für eine heroische Haltung des Einzelnen im Krieg entspringen, die auch über den Krieg hinaus die idealste Form harmonischen Zusammenlebens bilden sollte. Denn in ihr sollten sich Pflichtbewußtsein, Opferbereitschaft und heroische Tat als zeitlose, grundlegende Eigenschaften des Menschen verbinden.[43] Mit der bewußten Akzentuierung und Überhöhung des Fronterlebnisses und seiner überwiegenden Reduzierung auf die Erfahrungen der Frontkameradschaft versuchten die Autoren, dem Krieg als solchem und insbesondere der militärischen Niederlage nachträglich einen Sinn zu geben.[44] Für die unerklärbaren und als schicksalhaft empfundenen Leiden und Schrecken des Krieges bedurfte es der Heroisierung des Frontkämpfers," [...] indem sich ein Mindestmaß an Ideologie mit einem Höchstmaß an Leistung trifft."[45] Die Idee war dabei die der naturgegebenen und notwendigen Gewalt, die sich im Erobern erschöpfe, die Leistungen der Soldaten die des Opfers. An der Fruchtbarkeit des Opfers erkenne man schließlich den Wert des Menschen.[46]

Ernst Jünger war einer der wirkungsmächtigsten Autoren des "Soldatischen Nationalismus"[47] schon vor der 1928/29 einsetzenden Welle von Kriegsromanen und Kriegsliteratur. Darüber hinaus war er ein bedeutender Vertreter der "Konservativen Revolution".[48] Er brachte mit seinen ästhetisierenden, magisch-mystischen Beschreibungen vom schrecklich schönen Krieg in überschätzender und elitärer Sichtweise als Vertreter der Frontgeneration das auf den Punkt, was die konservative und nationale bürgerliche Nachkriegswelt über den Krieg und seine existentiellen Bedingungen, seine Gefahren, seine Konsequenzen und die damit verbundenen Möglichkeiten für eine deutsche Zukunft dachten. Krieg und Kampf waren danach ein Naturzustand, der Krieg der "Vater aller Dinge".[49] Jüngers "heroischer Nihilismus" war subjektives und kollektives Trauma des größten Teils der bürgerlichen Kriegsgeneration und Nachkriegsjugend. In ihm spiegelten sich die Erfahrungen der Destruktion des Krieges, seine Ungeheuerlichkeit, seine Sinnlosigkeit wider. In traumatisch-pathologischer Überhöhung des Fronterlebnisses entwarf er seinen "magischen Realismus" von der naturgegebenen Notwendigkeit des Kampfes. In ausladender Metaphorik verglich er Krieg und Kampf mit Naturgewalten. Der Krieg sei wie eine Naturkatastrophe, der Kampf ein reinigendes Gewitter, ein Orkan, eine Feuersbrunst.[50] Durch sie werden die schöpferischsten Elemente im Menschen freigesetzt. Dies führe zur "[...] Geburt einer neuen Welt".[51] Für Jünger wie für andere Autoren des soldatischen Nationalismus waren deshalb Kampf und Krieg an sich revolutionär, weil sich durch ihn "urschöpferische Kräfte" entfalten, die nicht nur einen neuen "Typus" von Kämpfer hervorgebracht hätten, sondern ein "neues Geschlecht", ja eine "ganz neue Rasse".[52] In dieser Gemengenlage verklärte sich der sogenannte "Frontkämpfergeist" nicht nur zum Zeugungsakt moralischer Wiedergeburt, sondern er sollte gleichzeitig Stifter aller Gesellschaftlichkeit und ursprünglichen Gemeinschaft der Menschen überhaupt sein.[53] Aus dem "Kriegertum" der Frontsoldaten und ihrem Fronterlebnis sollte sich deshalb der politische Anspruch ihrer Führerschaft in der Gesellschaft herleiten, der die Frontgeneration zum Träger einer geschichtlichen Bewegung mache.[54]

Die kriegsbejahende Literatur lieferte u. a. die ideologische Basis dafür, daß die Frontkameradschaft und insbesondere die überragende Bedeutung des Offiziers als unumschränktem Führer nachträglich zum "Frontgeist" stilisiert wurden. Sie lieferte entscheidende ideologische Bezüge für die nationalen Rechten und die Nationalsozialisten in der Weimarer Republik,[55] die das Fronterlebnis zum eisernen ideologischen Bestand nicht nur einer großen Zahl von Bünden, Orden und Kriegervereinen werden ließen.[56] Dieses Idealbild des Frontkämpfers verkörperte das, was Adolf Hitler seit 1920 als die große politisch-revolutionäre Idee für seinen machtpolitischen Aufstieg zu instrumentalisieren verstand, der "völkische Staat". Zur Organisationsform erhob er die der NSDAP als politische, interessenübergreifende Massenpartei. Sein Herrschaftsinstrument waren die Organisationen der SA und SS, sein Ziel die Machtergreifung. Träger der "völkischen Bewegung" sollte ein neuer deutscher Mannestyp sein, in dem traditionelles Soldatentum und politisch völkische Haltung im politischen Soldaten der Nation verschmelzen sollten.[57] Das heroische Pathos vom unbesiegbaren Weltkriegssoldaten in der rechten, kriegsbejahenden Weltkriegsliteratur entsprach deshalb in vollem Umfang den tatsächlichen Bedürfnissen der meisten Deutschen.[58] Diese Literatur war kein modisches Einzelphänomen, aber auch nicht einziger Auslöser für die nationalsozialistische Machtentfaltung, sondern Ausdruck subjektiver und kollektiver Erfahrungen, Vorstellungen und politischer Tendenzen.[59] Dafür sprechen nicht nur die 253 Veröffentlichungen von Weltkriegsromanen zwischen 1914 und 1935 selbst. Auch die Auflagenhöhen, trotz großer Unterschiede, sprechen dafür.[60]

Die geistige und moralische Deformation eines großen Teils der deutschen Gesellschaft manifestierte sich nach 1918 nicht nur im antidemokratischen Denken und Selbstverständnis der vielen nationalistischen Gruppen und Organisationen, sondern auch in ihrem antidemokratischen Handeln gegen die Republik. Ob rückblickend auf das alte Kaiserreich elitär im vermeintlich nationalen Lebensgefühl revolutionärer Gesinnung, ob in primitiver völkischer Gefühlshaltung oder irrationaler Vieldeutigkeit nationalsozialistischer Weltanschauung mit ihrem rohen Sozialdarwinismus, sie alle bekämpften das "System von Weimar".[61] In ihrem grundsätzlichen Zerwürfnis mit dem demokratisch-parlamentarischen Staat projizierten alle politischen Gruppen und Organisationen in der Weimarer Republik die erlernten Grundmuster der autoritären militaristischen Gesellschaft der Kaiserzeit auf ihre jeweiligen politischen Vorstellungen von einer nationalen Zukunft. Eine Veränderung der außenpolitischen Tatsachen durch den verlorenen Krieg sowie der bestehenden gesellschaftlichen Verhältnisse nach westlichem Demokratiemuster mit ihren auf Dauer als Bedrohung empfundenen existentiellen Problemen und die Aufhebung aller Klassengegensätze konnten sich die nationalistischen

Propagandisten und Ideologen sämtlicher politischer Ausrichtungen nur durch die Beseitigung der bestehenden Republik und durch die Begründung eines neuen autoritären Volksstaates vorstellen.[62] In Anlehnung an das soldatische Führerprinzip in der militärischen Hierarchie wurden sie alle zum "Steigbügel" für den Nationalsozialismus und seinen "Führer" Hitler.[63] Hitler bediente sich ohne Skrupel all derer, die sich als "Handlanger" des Nationalsozialismus anboten.[64] Der politikentwöhnte bürgerliche Geist[65] der Deutschen verleugnete später durchweg seine Mitverantwortung an den politischen Realitäten.[66] Geistig, moralisch und mental war die Mehrheit der deutschen Gesellschaft der Weimarer Republik, aus diesen Zusammenhängen beurteilt, nicht reif für eine bürgerliche Demokratie.[67]

Mit der Literatur über den Weltkrieg schufen sich die Zeitgenossen ihr geschriebenes Denkmal[68], ihren naiv verzückten Glauben an ein deutsches Soldatentum.[69] Jahraus, jahrein huldigten sie einem öffentlichen Helden- und Mythenkult und schufen sich, den Veteranen, ihren Krüppeln und der Jugend großartige Denkmale.[70]

Aus diesem enormen Konglomerat von Wertvorstellungen, Leitbildern, Überzeugungen, Ressentiments und Forderungen speiste sich vor allem die NS-Ideologie. Völkische Theorie und elitäres Kämpfertum, patriarchalisches Führerprinzip und der rassistisch-imperialistische Charakter waren dabei zentrale Elemente der NS-Ideologie. "Blutreinheit", "körperliche Gesundheit und Wehrertüchtigung" sowie das "Führer-Gefolgschafts-Prinzip" waren nicht nur verschrobene Gedanken einer übergeschnappten Gesellschaft. Mit dem Anspruch auf totale Herrschaft griff das 1933 endgültig an die Macht gelangte Nazi-Regime in fast alle Lebensbereiche der Menschen ein, von der Wiege bis zur Bahre.[71] Und an dieser Diktatur konnten viele partizipieren, die alte militärische Kaste genauso wie die anderen demokratiefeindlichen Kräfte.

Als einer der scharfsinnigsten Autoren seiner Zeit beschreibt Kurt Tucholsky bereits 1922 die Dimension der Verdrängung der Realitäten und Schrecken des "Großen Krieges". Symptomatisch für das Trauma der Leiden und Opfer der Soldaten im Krieg und der deutschen Niederlage erfaßt er in brillanter Weise den antidemokratischen Zustand der Gesellschaft in der Weimarer Republik. In tiefer Erkenntnis über den Stumpfsinn des letzten Krieges erkennt er den militanten Charakter seiner Zeitgenossen und ahnt visionär die Gewißheit der Zukunft voraus. "Aber der Schmerz, der Schmerz ist fast vergessen. Und da nur ein beschränkter Teil aller Erfahrungen vererbt wird, [...] so ist noch gar nicht gesagt, daß nicht die nächste

Generation mit frisch dämlicher Begeisterung [...] die Knarre wieder auf den Buckel nimmt. [...] Die Legende vom eben verhandelten Krieg ist schon im Entstehen, und wir können gerade noch kontrollieren, wie wir auf die Nachwelt kommen. [...] Abgesehen von den Kriegsberichten berufsmäßiger Soldaten, denen die republikanische Pension Muße läßt, die Monarchie zu verherrlichen und mit Hilfe des Reichsarchivs Regimentsgeschichten zum Druck zu lassen, deren tiefinnere Verlogenheit nur noch von ihrer Unvollständigkeit übertroffen wird - abgesehen davon haben sich in großer Zahl [viele] mit dem Kriege beschäftigt. Der gemeine Mann wurde weniger gehört. Feldpostbriefe, die den ganzen Jammer des geknebelten Stück Unglücks enthielten, wurden unterdrückt, eine ganze Hurra-Literatur entstand, und Schmerz und menschenunwürdiger Drill gehen mit ihren Trägern zu Grabe. Übrig bleibt eine Propaganda-Literatur für die blutige Oper der nächsten Saison. [...] Nach diesen Schlachtfeldern, nach diesen Ackergräben, angefüllt mit aufgeweichten, vermodernden Uniforminhalten, die einmal Menschen gewesen, nach dieser mechanistischen Schweinerei von der >Herrlichkeit des Geschauten<, von einem >naturhaften Geschehen< zu sprechen: dazu gehört die ganze Naivität eines wohlerzogenen Staatsbürgers."[72]

Anmerkungen:

[1] Reinhart Koselleck: Der Einfluß der beiden Weltkriege auf das soziale Bewußtsein. In: Wolfram Wette Hg.: Der Krieg des Kleinen Mannes, München 1992, S. 324.

[2] Vgl. Michael Gollbach: Die Wiederkehr des Weltkrieges in der Literatur. Zu den Frontromanen der späten zwanziger Jahre, Kronberg/Ts. 1978, S. 274.

[3] Karl Prümm: Die Literatur des Soldatischen Nationalismus der 20er Jahre (1918 – 1933), Kronberg/Ts. 1974, Vorwort.

[4] Ebd., S. 215.

[5] Vgl. Ulrich/Ziemann Hg.: Krieg im Frieden, Frankfurt a. M. 1997, S. 99. Dazu auch Anm. 15, G. Lutz: Die Frontgemeinschaft. Das Gemeinschaftserlebnis in der Kriegsliteratur, Greifswald 1936.

[6] Vgl. Karl Prümm: Tendenzen des deutschen Kriegsromans nach 1918. In: Klaus Vondung Hg.: Kriegserlebnis. Der Erste Weltkrieg in der literarischen Gestaltung und symbolischen Deutung der Nationen, Göttingen 1980, S. 215.

[7] Vgl. für die Jahre bis 1923 Burkhard Asmuss: Republik ohne Chance? Berlin 1994. Vgl. u. a. den Vorabdruck des Buches "Krieg" von Ludwig Renn in der Frankfurter Zeitung 1929. Vgl. Michael Gollbach: Die Wiederkehr des Weltkrieges in der Literatur, Kronberg/Ts. 1978, S. 84.

[8] Literarische Zeitschriften aller politischen Richtungen waren in den zwanziger Jahren ein bedeutendes Medium in der Öffentlichkeit. Vgl. dazu Michael Gollbach: Die Wiederkehr des Weltkrieges in der Literatur, Kronberg/Ts. 1978, S. 275 ff.

[9] Vgl. Philipp Witkop: Kriegsbriefe gefallener Studenten, München 1929. Auch Hettling/Jeismann: Der Weltkrieg als Epos. In: Gerhard Hirschfeld u. a. Hg.: >Keiner fühlt sich hier mehr als Mensch...<, Frankfurt a. M. 1996, S. 205 – 234. Die Auflagenhöhe der bereits in erster Fassung 1916 erschienenen Kriegsbriefe belief sich zwischen 1930 – 1942 auf 200.000 Exemplare.

[10] Vgl. dazu vor allem die nationalistisch, rassistisch-biologistisch und völkisch, politisch-philosophisch motivierte Literatur. U. a. Gangel/Raulet Hg.: Intellektuellendiskurse in der Weimarer Republik, Frankfurt a. M. 1994. Zur Literatur der Konservativen Revolution Stefan Breuer: Anatomie der Konservativen Revolution, 2. Aufl., Darmstadt 1995. Rolf Peter Sieferle: Die Konservative Revolution, Frankfurt a. M. 1995. Zur Literatur des soldatischen Nationalismus u. a. Karl Prümm: Die Literatur des Soldatischen Nationalismus der 20er Jahre (1918 – 1933), Kronberg/Ts. 1974.

[11] Als allgemeiner Auslöser einer Flut von Kriegsromanen werden der Kriegsroman "Im Westen nichts Neues" von Erich Maria Remarque und der Roman von Ludwig Renn "Krieg", beide sind 1929 erschienen, gesehen. Für die nationalistischen und konservativen Kräfte und Gruppen waren beide Romane Anlaß und Auslöser, eine eigene Diktion über das "wahre" Kriegserlebnis verstärkt zu postulieren. Insgesamt waren die Kriegsromane mehr als eine zeitlich bedingte Modeerscheinung. Vgl. dazu auch Ulrich/Ziemann Hg.: Krieg im Frieden, Frankfurt a. M. 1997, S. 99 – 111, bes. Dok. 14 d.

[12] Vgl. Ulrich Linse: Das wahre Zeugnis. Eine psychohistorische Deutung des Ersten Weltkrieges. In: Klaus Vondung Hg.: Kriegserlebnis, Göttingen 1980, S. 95.

[13] Ebd. Vgl. auch Wolfgang Keim: Erziehung unter der Nazi-Diktatur, Bd. 1: Antidemokratische Potentiale, Machtantritt und Machtdurchsetzung, Darmstadt 1995. Zu den Grundlagen nationalsozialistischer Erziehung S. 9 – 20, zur geisteswissenschaftlichen Pädagogik S. 159 – 173.

[14] Vgl. Holger M. Klein: Zur Typologie des Kriegsromans. In: Klaus Vondung Hg.: Kriegserlebnis, Göttingen 1980, S. 210 – 214. Vgl. Erster Typ, der Privattyp, u. a. der frühe Roman von Walter Flex: Wanderer zwischen beiden Welten. Der zweite Typ, der Repräsentationstyp, u. a. Ernst Glaeser: Jahrgang 1902, Werner Beumelburg: Gruppe Rosemüller. Der dritte Typ, der Panoramatyp, u. a. Arnold Zweig: Der Streit um den Sergeanten Grischa.

[15] Vgl. Michael Gollbach: Die Wiederkehr des Weltkrieges in der Literatur, Kronberg/Ts. 1978, S. 247 – 274.

[16] Für die pazifistische, kriegsablehnende Literatur steht exemplarisch Erich M. Remarque: Im Westen nichts Neues, Frankfurt a. M. 1983. Remarque lehnt zwar jeden Krieg aus pazifistischen Gründen ab, das führt bei ihm jedoch nicht zu gesellschaftlichen Konsequenzen wie etwa einen revolutionären bewaffneten Kampf gegen die Kriegsverursacher. Vgl. dazu auch Michael Gollbach: Die Wiederkehr des Ersten Weltkrieges in der Literatur, Kronberg/Ts. 1978, S. 232 – 238.

[17] Das spiegelt sich nach Ulrich Linse einerseits in den brutalen Beschreibungen und der Absurdität der tatsächlichen Ereignisse im Krieg selbst wider, andererseits in den symbolischen Formgebungen solcher Erfahrungen. Seinen Ausdruck habe dies u. a. in der Weltkriegs-Satire gefunden, "[...] wo sich jeder Sinn in Unsinn, aller Heroismus in Lächerlichkeit und die göttliche Weltordnung in ein groteskes Irrenhaus verwandelt." Als Beispiel führt Linse u. a. Karl Kraus an: Die letzten Tage der Menschheit und als >epische Satire< Jaroslav Hasek: Die Abenteuer des braven Soldaten Schwejk. Ulrich Linse: Das wahre Zeugnis. In: Klaus Vondung Hg.: Kriegserlebnis, Göttingen 1980, S. 107.

[18] Vgl. George L. Mosse: Über Kriegserinnerungen und Kriegsbegeisterung, S. 30 f., Richard Bessel: Kriegserfahrungen und Kriegserinnerungen, S. 126, Sabine Behrenbeck: Heldenkult und Opfermythos. Mechanismen der Kriegsbegeisterung 1918 – 1945. Diese drei in: Marcel v. d. Linden u. a. Hg.: Kriegsbegeisterung und mentale Kriegsvorbereitung, Berlin 1991, George L. Mosse: Gefallen für das Vaterland. Nationales Heldentum und namenloses Sterben, Stuttgart 1993, Der Gefallenenkult, S. 89 – 133, Bernd Hüppauf: Der Tod ist verschlungen in den Sieg. Todesbilder aus dem Ersten Weltkrieg und der Nachkriegszeit. In: Ders. Hg.: Ansichten vom Krieg, Königstein/Ts. 1984, Literarische Todesbilder, S. 80 – 86, Sabine Behrenbeck: Der Kult um die toten Helden. Nationalsozialistische Mythen, Riten und Symbole 1923 bis 1945. In: Otto Dann u. a. Hg.: Beiträge zur Nationsforschung, Köln 1992.

[19] Das war von den Autoren z. T. auch nicht gewollt oder möglich. Vgl. dazu u. a. die Analyse von Michael Gollbach über Remarques Motive für sein Buch "Im Westen nichts Neues" und dessen Wirkung. "Mit Absicht wählte er [Remarque] die "Froschperspektive des einfachen Grabensoldaten", der über die Ursachen und Ziele des Krieges nichts weiß und nichts wissen will, weil Remarque selbst sie nicht kennt und ihre Darstellung deshalb, mit dem erklärenden und verständniswerbenden Hinweis auf die Selbstschutzfunktion, bewußt ausklammert: "Der Krieg ist als Tatsache vorausgesetzt." In: Michael Gollbach: Die Wiederkehr des Weltkrieges in der Literatur, Kronberg/Ts. 1978, S. 76 - 83.
[20] Als Beispiel dafür steht Theodor Pliviers: Des Kaisers Kuli. Roman der deutschen Kriegsflotte, Berlin 1929.
[21] Michael Gollbach: Die Wiederkehr des Weltkrieges in der Literatur, Kronberg/Ts. 1978, S. 252.
[22] Ebd. Zur Typologie der Kriegsromane, S. 247 – 256.
[23] Vgl. Carl A. G. Ottos: Im Osten nichts Neues, Zirndorf-Nürnberg 1929, S. 189. "Ich weiß es nicht und kann es nicht wissen. Hunderttausende mit mir wissen es nicht und können es nicht wissen."
[24] Michael Gollbach: Die Wiederkehr des Weltkrieges in der Literatur, Kronberg/Ts. 1978, S. 257. "Die Ähnlichkeit mit Remarques Buchtitel ["Im Westen nichts Neues"] erklärt sich aus der Absicht Ottos ["Im Osten nichts Neues"], das Schicksal seiner Generation in der Nachkriegszeit zu beklagen."
[25] Ebd. Zitat nach Carl A. C. Ottos: Im Osten nichts Neues, Zirndorf-Nürnberg 1929, S. 281.
[26] Michael Gollbach: Die Wiederkehr des Weltkrieges in der Literatur, Kronberg/Ts. 1978, S. 259. Zitat nach P. C. Ettighofer: Gespenster am Toten Mann, Köln 1931, S. 161.
[27] Ebd. Zitat nach Ettighofer, S. 259.
[28] Ebd. Zitat nach Ettighofer, S. 95.
[29] Ebd., S. 260.
[30] Vgl. ebd., S. 238 ff u. 260. Gollbach untersucht insgesamt siebzehn kriegsbejahende Romane.
[31] Vgl. George L. Mosse: Über Kriegserinnerungen und Kriegsbegeisterung. In: Marcel v. d. Linden u. a. Hg.: Kriegsbegeisterung und mentale Kriegsvorbereitung, Berlin 1991, S. 35.
[32] Als Beispiel dafür steht das Kriegsbuch vom Gründer und ersten Bundesvorsitzenden des "Stahlhelm", Franz Seldte: M.G.K. (Maschinen-Gewehr-Kompanie), Leipzig 1929, S. 8 u. 11.
[33] Karl Prümm: Tendenzen des deutschen Kriegsromans. In: Klaus Vondung Hg.: Kriegserlebnis, Göttingen 1980, S. 216.
[34] Vgl. ebd., S. 216. Auch Michael Gollbach: Die Wiederkehr des Weltkrieges in der Literatur, Kronberg/Ts. 1978. zur Auseinandersetzung um die Darstellung der "Wahrheit" in den Kriegsromanen, S. 284 ff.
[35] Ebd., S. 260 – 274.
[36] Vgl. dazu Georg Grabenhorst: Fahnenjunker Wolkenborn, Leipzig 1928, S. 190.
[37] Georg Grabenhorst: Fahnenjunker Wolkenborn, Leipzig 1928, S. 246. Vgl. dazu Michael Gollbach: Die Wiederkehr des Weltkrieges in der Literatur, Kronberg/Ts. 1978, S. 263.
[38] Vgl. Michael Gollbach: Die Wiederkehr des Weltkrieges in der Literatur, Kronberg/Ts. 1978, S. 265.
[39] Vgl. dazu u. a. Sabine Behrenbeck: Heldenkult und Opfermythos, auch Ilse Modelmog: Kriegsbegeisterung! Kriegsbegeisterung! Zur soziologischen Dimension des Kriegserlebnisses. Beide in: Marcel v. d. Linden u. a. Hg.: Kriegsbegeisterung und mentale Kriegsvorbereitung, Berlin 1991.
[40] Franz Seldte: M. G. K., Leipzig 1929, S. 11.
[41] Vgl. Edwin Erich Dwinger: Die Armee hinter Stacheldraht. Das sibirische Tagebuch, Jena 1929, S. 80.

[42] Vgl. Edwin Erich Dwinger: Die Armee hinter Stacheldraht. Das sibirische Tagebuch, Jena 1929, S. 80.
[43] Michael Gollbach: Die Wiederkehr des Weltkrieges in der Literatur, Kronberg/Ts. 1978, S. 271
[44] Vgl. Karl Prümm: Die Literatur des Soldatischen Nationalismus der 20er Jahre (1918 – 1933), Kronberg/Ts. 1974, S. 17. "Die Freiwilligen und die Offiziere des alten Heeres [...] hielten immer noch an der Fiktion fest, der Krieg habe eine neue Gemeinschaft geschaffen und alle Klassengegensätze beseitigt." In diesem Verständnis war der Krieg "urschöpferische Kraft", der einen neuen "Typus" Mensch hervorgebracht habe, ein neues "Geschlecht", eine "ganz neue Rasse", S. 41, Anm. 246 – 249. Der Krieg wurde somit zur geschichtsphilosophischen These mit zukunftsbestimmendem Charakter, S. 218.
[45] Zitat nach Ernst Jünger: Die Geburt des Nationalismus im Kriege. In: Deutsches Volkstum, 11. Jg., 1929, Heft 8, S. 578. In: Ulrich Bröckling: Disziplin, München 1997, S. 248.
[46] Ebd., S. 248. Vgl. dazu Ernst Jünger: Vorwort des Herausgebers. In: Friedrich Georg Jünger: Aufmarsch des Nationalismus, Berlin 1929, S. 10.
[47] Vgl. Karl Prümm: Die Literatur des Soldatischen Nationalismus der 20er Jahre (1918 – 1933), Kronberg/Ts. 1974, zur literarischen und publizistischen Produktion Ernst Jüngers, S. 82 – 91.
[48] Vgl. Armin Mohler: Die Konservative Revolution in Deutschland 1918 – 1932, 4. Aufl., Darmstadt 1994, zu Jüngers Wandlungsprozeß und inneren Haltung im Krieg, S. 34 f. "Für die jüngere Generation der Konservativrevolutionäre wird das Wort vom "heroischen Realismus" verpflichtend, das Werner Best 1930 in dem von E. Jünger herausgegebenen Sammelband "Krieg und Krieger" geprägt hat. "Heroisch", weil diese Welt nicht darum "realistisch", das heißt, wirklichkeitsgetreu gesehen werden soll, um eine andere und bessere von ihr abzuheben, sondern um sie, wie sie ist, zu bejahen.", S. 126.
[49] Vgl. Rolf Peter Sieferle: Die Konservative Revolution. Fünf biographische Skizzen, Frankfurt a. M. 1995, S. 139. "Der Kampf der Maschine ist so gewaltig, daß der Mensch fast ganz davor verschwindet. [...] Der Kampf äußerte sich als riesenhafter, toter Mechanismus und breitete eine eisige, unpersönliche Welle der Vernichtung über das Gelände. [...] Die Werkzeuge werden vollkommener, der Mensch bleibt der alte. [...] Im Tanz auf schmaler Klinge zwischen Sein und Nichtsein offenbart sich der wahre Mensch. [...] Das fließt hier vorbei, der Wille zum Leben, der Wille zum Kampf und zur Macht, und sei es um den Preis des Lebens selbst." Zitat nach Ernst Jünger: Der Kampf als inneres Erlebnis, Berlin 1922, S. 114 u. 116.
[50] Vgl. Karl Prümm: Die Literatur des Soldatischen Nationalismus der 20er Jahre (1918 – 1933), Kronberg/Ts. 1974, S. 40. Dazu auch Ernst Jünger: Das Wäldchen 125. Eine Chronik aus den Grabenkämpfen 1918, Berlin 1925, S. 122, Ernst Jünger: In Stahlgewittern, Berlin 1926, S. 48, die Erste Ausgabe Hannover 1920.
[51] Edgar Jung: Herrschaft der Minderwertigen. Ihr Zerfall und ihre Ablösung, Erste Aufl., Berlin 1927, S. 17.
[52] Vgl. Karl Prümm: Die Literatur des Soldatischen Nationalismus der 20er Jahre (1918 – 1933), Kronberg/Ts. 1974, S. 41, Anm. 246 – 249.
[53] Vgl. Ulrich Bröckling: Disziplin, München 1994, S. 249.
[54] Vgl. Karl Prümm: Die Literatur des Soldatischen Nationalismus der 20er Jahre (1918 – 1933), Kronberg/Ts. 1974, S. 41.
[55] Vgl. Michael Gollbach: Die Wiederkehr des Weltkrieges in der Literatur, Kronberg/Ts. 1978, S. 261.
[56] Vgl. Kurt Sontheimer: Antidemokratisches Denken in der Weimarer Republik, 4. Aufl., München 1994, S. 100.
[57] Hans Buchheim: Befehl und Gehorsam. In: Hans Buchheim u. a. Hg.: Anatomie des SS-Staates, 6. Aufl., München 1994, S. 221.

[58] Vgl. Michael Gollbach: Die Wiederkehr des Weltkrieges in der Literatur, Kronberg/Ts. 1978, S. 274.

[59] Vgl. Karl Prümm: Die Literatur des Soldatischen Nationalismus der 20er Jahre (1918 – 1933), Kronberg/Ts. 1974, S. 74. Zur Auflagenhöhe einiger der wichtigsten Kriegsromane bis 1930 vgl. S. 75.

[60] Zur Auflagenhöhe ausgewählter Weltkriegsliteratur vgl. Michael Gollbach: Die Wiederkehr des Weltkrieges in der Literatur, Kronberg/Ts. 1978, siehe Anmerkungsapparat.

[61] Zur Erläuterung der verschiedenen nationalsozialistischen Gruppen vgl. Kurt Sontheimer: Antidemokratisches Denken in der Weimarer Republik, 4. Aufl., München 1994, S. 113 – 141.

[62] Vgl. Hans Mommsen: Die verspielte Freiheit. Der Weg der Republik von Weimar in den Untergang 1918 – 1933, Berlin 1990, S. 99 f., zur "inneren Verweigerung" des Friedens, S. 100 – 140.

[63] Vgl. Michael Gollbach: Die Wiederkehr des Weltkrieges in der Literatur, Kronberg/Ts. 1978, S. 271 ff. "[...] die Eigenschaften und Fähigkeiten des Führers sind grundsätzlich nicht erlernbar. Vielmehr sind Auslese und Erkenntnis der Führerpersönlichkeit dem Krieg zu verdanken [...]."

[64] Vgl. Karl Prümm: Die Literatur des Soldatischen Nationalismus der 20er Jahre (1918 – 1933), Kronberg/Ts. 1974, S. 55. "Der autoritäre Führerstaat verlangt auch auf dem ökonomischen Bereich vom einzelnen Hingabe und Opferbereitschaft für das Wohl des Ganzen. Als Modell für einen solchen verwirklichten Sozialismus wird immer wieder auf die Kriegssituation verwiesen und vor allem der Soldatische Nationalismus wird nicht müde, seine kollektivistische Gemeinschaftsideologie als Sozialismus anzupreisen."

[65] Vgl. Kurt Sontheimer: Antidemokratisches Denken in der Weimarer Republik, 4. Aufl., München 1994, S. 313 f.

[66] Vgl. dazu die literarische Gesellschaftsreflexion im Roman von Heinrich Mann über die wilhelminische Kaiserzeit bis 1914: Der Untertan, Leipzig, Vorwort zur Ausgabe 1989: "Erst Ende 1918 konnte er gelesen werden, und wurde es wirklich: mit äußerem Erfolg bei allen Deutschen, denen der verlorene Krieg zuerst Bedenken über [...] inneren Zustand aufdrängte."

[67] Vgl. Vgl. Kurt Sontheimer: Antidemokratisches Denken in der Weimarer Republik, 4. Aufl., München 1994, S. 306 ff. Vom Geist der Weimarer Republik. Hier heißt es u. a., daß der 1924 erschienene Roman "Zauberberg" von Thomas Mann der repräsentative Roman der Weimarer Republik gewesen sei. In ihm habe sich in literarischer Form beispielhaft das Gleichnis von der ideologischen Feindschaft der politischen Gegensätze der Weimarer Zeit widergespiegelt. Der erbitterte Kampf der Internationalisten und Nationalisten, Rationalisten und Irrationalisten in der Republik, S. 310 f.

[68] Vgl. Max Jungnickel: Mythos des Soldaten, Berlin 1938. "Der Soldat des großen Krieges lebt weiter im Soldaten des neuen Deutschland. [...] Ein neuer Soldat steht auf Wacht. In seinem Antlitz lebt das Gesicht der vergangenen Soldaten.", S. 40. Auch Bruno H. Jahn: Die Weisheit der Soldaten. Versuch einer Deutung und Einordnung, Berlin 1943. "Dem echten Soldaten braucht man die Grundlagen seines Daseins nicht zu deuten. Gleichmut und Tapferkeit aus Triebsicherheit sind die Voraussetzungen seiner Berufung. [...].", S. 7.

[69] Vgl. u. a. Kurt Ihlenfeld Hg.: Preußischer Choral. Deutscher Soldatenglaube in drei Jahrhunderten, 2. Aufl., Berlin 1935. "Der Weltkrieg, der ein neues Zeitalter einleitet, stellt nicht nur den Kampfgeist, sondern auch die religiöse Haltung des deutschen Heeres auf eine so noch nie dagewesene Probe. Der Feldmarschall des Weltkrieges trug in seiner Gestalt die alte preußische Tradition auch im religiösen Sinne durch den Weltkrieg hindurch ins Dritte Reich.", S. 165. Und an anderer Stelle über die Pflichten des deutschen Soldaten: "SELBSTBEWUSST UND DOCH BESCHEIDEN, AUFRECHT UND TREU, GOTTESFÜRCHTIG UND WAHRHAFT,

VERSCHWIEGEN UND UNBESTECHLICH SOLL DER SOLDAT DEM GANZEN VOLK EIN VORBILD MÄNNLICHER KRAFT SEIN."

[70] Vgl. George L. Mosse: Soldatenfriedhöfe und nationale Wiedergeburt. Der Gefallenenkult in Deutschland, S. 241 – 261. Auch Ulrich Linse: Saatfrüchte sollen nicht vermahlen werden. Zur Resymbolisierung des Soldatentodes, S. 262 – 274. Bernd Hüppauf: Der Tod ist verschlungen in den Sieg. In: Ders. Hg.: Ansichten vom Krieg, Königstein/Ts. 1984, S. 55 – 91, Sabine Behrenbeck: Der Kult um den toten Helden. In: Otto Dann u. a. Hg.: Beiträge zur Nationsforschung, Köln 1992, George L. Mosse: Gefallen fürs Vaterland, Stuttgart 1993, S. 89 – 133, Bernd Hüppauf: Schlachtenmythen und die Konstruktion des >Neuen Menschen<, S. 53 – 103. Auch Susanne Brandt: Kriegssammlungen im Ersten Weltkrieg. Denkmäler oder Laboratoires d´ historie, S. 283 – 302, beide in: Gerhard Hirschfeld u. a. Hg.: >keiner fühlt sich hier mehr als Mensch...<, Frankfurt a. M. 1996.

[71] Wolfgang Keim: Erziehung unter der Nazi-Diktatur, Darmstadt 1995, S. 18.

[72] Kurt Tucholsky: Gesammelte Werke 1921 – 1924, Bd. 3, Das Felderlebnis, Mary Gerold-Tucholsky u. Fritz J. Raddatz Hg., Hamburg 1993, S. 261 ff.

3.4 Militärische Elite und Aufstieg des Nationalsozialismus

Es ist in der historischen Forschung inzwischen unumstritten, daß der Aufstieg und die "Machtergreifung" des Nationalsozialismus nicht allein als monokausaler historischer Vorgang auf eine einzige und als allein ausschlaggebende Ursache zurückgeführt werden kann, sondern daß das Scheitern der Weimarer Republik und die "Machtergreifung" nur als komplexes Ursachengeflecht plausibel erklärbar ist.[1] Bezogen auf die jeweiligen Akzente und Gewichtungen in der historischen Forschung und die verschiedenen Interpretationen kann aber gesagt werden, daß der traditionelle deutsch-nationale "Ungeist" mit seinen vielschichtigen Dimensionen und in seinen unterschiedlichen Ausprägungen als passive oder aktive, geistige und mentale Basis für den Aufstieg und die "Machtergreifung" des Nationalsozialismus entscheidend mitbestimmend war.[2] Dies war zwar nicht zwangsläufig so, aber eben das Resultat und die Konsequenz antidemokratischen Denkens und Handelns breiter Kreise der deutschen Gesellschaft in den zwanziger Jahren der Weimarer Republik.[3]

Bis in das 19. Jahrhundert zurückreichende Einstellungen und Haltungen machten die Zeitgenossen anfällig für autoritäre Politik und Demokratiegegnerschaft. Seinen Ausdruck fand das vor allem in antiliberalen, militaristischen, imperialistischen und rassistischen Wunschvorstellungen.[4] In fast allen Bereichen lassen sich deshalb trotz politischer, sozialer und kultureller Gegensätze[5] interessenübergreifende nationalistische Forderungen und Ziele in Projektion auf die nationalsozialistische Ideologie nachweisen.[6] Als ein entscheidendes gesellschaftlich übergreifendes und sehr wirksames Propagandamittel kann in diesem Zusammenhang die Legende vom "Dolchstoß", von den alten militärischen Eliten und der nationalen Rechten instrumentalisiert, gesehen werden. Ohne die Dolchstoßlegende wäre es undenkbar gewesen, daß zum Beispiel der alte General Hindenburg, in der Nachkriegszeit mit dem Nimbus des siegreichen Feldherren versehen, zum Reichspräsidenten gewählt worden wäre. Militärführung und nationale Rechte hätten auch nicht so beharrlich behaupten können, daß das Heer "im Felde unbesiegt" geblieben sei, um daraus ihre Legitimation für die unbedenkliche Übernahme der Traditionen der "kaiserlichen" Armee zu konstituieren. Ohne die Dolchstoßlegende hätten sie nicht glaubhaft machen können, daß es für Deutschland zukünftig ohne weiteres möglich sei, einen erneuten Krieg führen und vor allem gewinnen zu können.[7] Es verwundert deshalb nicht, daß die im Rahmen des Versailler Vertrages zugebilligten 4000 Offiziere des alten Heeres sich an den Bemühungen zur

Verdrehung der historischen Tatsachen intensiv beteiligten.[8] Revolution, die inneren politischen Veränderungen sowie der Versailler Vertrag wurden von ihnen nicht als direkte Folge der deutschen Politik des Kaiserreiches und der militärischen Niederlage akzeptiert. Mit der Abschaffung der Wehrpflicht verstärkte sich folgerichtig in den kommenden Jahren die Tendenz, das bestehende Berufsheer zu einem autonomen Eliteheer, zum "Staat im Staate", zu entwickeln. Beleidigt in ihrer soldatischen Ehre und verbittert über die Nachkriegszustände sowie den Verlust an politischer Macht zielte die militärische Führung auf die Restauration der Vorkriegsverhältnisse nach innen wie nach außen. Im Innern, so äußerte sich General von Schleicher, müsse eine Regierungsgewalt wieder aufgerichtet werden, die sich durchsetzen könne. Damit war die Wiederherstellung der alten autoritären Machtstrukturen und Verhältnisse gemeint. Auf der Basis der wieder hergestellten Ordnung sollte die Gesundung der Wirtschaft vorangetrieben werden. Nur aus dieser Position heraus sei ein Wiedererstarken Deutschlands möglich und könne die Wiedererrichtung der äußeren Macht erreicht werden.[9] Uneinig war sich die Militärführung, wie das Ziel zu erreichen wäre, schritt- bzw. etappenweise oder sofort.

Mit dem Prozeß der Demobilisierung des Heeres gelang es der militärischen Führung, die revolutionären Kräfte und deren demokratische Bestrebungen in der Armee zu behindern oder teilweise ganz zu unterdrücken. Im Zuge der Schaffung des Friedensheeres mit einer Stärke von 100.000 Mann wurden vor allem als militärisch und politisch zuverlässig geltende Truppen in die neue Reichswehr übernommen. Die geistige Haltung der Truppen sollte weiterhin an der monarchistischen Tradition ausgerichtet bleiben. Aus diesem Heer wollte der von 1920 bis 1926 amtierende Chef der Heeresleitung, General Seeckt, die am alten soldatischen Geist und an der Monarchie orientierte Elitetruppe schaffen.[10] Bedingungslose soldatische Unterordnung und "innerer Gehorsam" sollten die Truppe zu einem geeignet erscheinenden Zeitpunkt zum innenpolitischen Machtfaktor und -instrument gegen die republikanischen Verhältnisse machen.

Nach außen vermittelte die Reichswehr das Bild einer unparteiischen und unpolitischen Institution. Dieses Bild einer entpolitisierten Reichswehr ermöglichte es der Militärführung, sich einerseits gegen die Republik und ihr Parteiensystem abzugrenzen. Andererseits war das Heer in dem Sinne politisch, indem General Seeckt die Bedeutung des Heeres über die der politischen Verhältnisse stellte. "Das Heer diene dem Staat, nur dem Staat; denn es ist der Staat."[11] Das Heer sollte in diesem Sinne der "Hüter des Reiches" sein, denn das "Reich" stand über der jeweiligen politischen Ordnung. So konnte sich das Heer nach innen legal von der Republik abgrenzen und nach außen seine nationale Verantwortung propagieren. "Hier konnten die von den Nationalsozialisten [ebenfalls] propagierten Erneuerungspläne für ein neues, mächtiges Reich auf fruchtbaren Boden fallen."[12]

Vor diesem Hintergrund und auf Grund der Verdrängung der Gewalt und Destruktionserfahrungen des Ersten Weltkrieges und der damit einhergehenden militärischen Niederlage erklärt sich vor allem die verstärkte Bereitschaft zur Rezeption antisemitischer und völkischer Weltanschauungselemente in der Presse und in der Kriegsliteratur in den zwanziger Jahren als unmittelbare Folge des Krieges.[13] Auch die militärische Elite der Republik sowie die konservative und deutsch-nationale Elite spielten dabei eine zentrale Rolle. Vor allem sie waren die Träger der Verbreitung, Vorbereitung und Umsetzung eines nationalistischen Kriegsgeistes in der Öffentlichkeit.[14] Was weitgehend auf die Eliten zutraf, war auch maßgebend für die Gesinnung eines großen Teils des deutschen Bürgertums, insbesondere der jungen Generation der ehemaligen Kriegsteilnehmer.[15] Denn gerade wegen der stark empfundenen sozialen, politischen und gesellschaftlichen Widersprüche in der Nachkriegszeit kamen hier besonders die jungen ehemaligen Kriegsteilnehmer in gemeinsamer Übereinstimmung mit den militärischen und nationalistischen Eliten von antidemokratischer und antibürgerlicher Grundhaltung zu der Überzeugung von der absoluten Vorrangigkeit der Belange einer deutschen "Volksgemeinschaft".[16] Der Erste Weltkrieg erwies sich im Ergebnis der Fronterfahrungen der Kriegsteilnehmer als entscheidender Faktor für den persönlichen Ausbruch aus der Vorkriegswelt und den Umbruch der politischen Kultur. Für diese und die Nachkriegsgeneration war er der Nährboden in ihrem Bezug zum Nationalsozialismus[17] und führte viele junge Männer später in das Führungskorps der Nationalsozialisten. Die von den Realitäten des Krieges abgehobenen und zum Mythos stilisierten Erfahrungen der Kameradschaft als Frontgemeinschaft wollten sie in radikaler Weise auf die gesellschaftlichen Verhältnisse übertragen wissen.[18] Sie propagierten deshalb die nach ihrer Meinung schon im Krieg existente "Volksgemeinschaft des Schützengrabens", die anscheinend alle Standes- und Klassenunterschiede überwunden hatte, als die idealste Form einer zukünftigen deutschen Gesellschaft.[19] Diese vom Nationalsozialismus aufgegriffene Vorstellung von einem "Völkischen Staat" und die dafür angebotenen Krisenlösungen entsprachen irrationalerweise einem weit verbreiteten bürgerlichen

Bedürfnis nach einer Harmonisierung der gesellschaftlichen Widersprüche. Der Aufstieg des Nationalsozialismus begründet sich nicht allein aus homogenen sozialen Schichten, Gruppen und Kräften der Kriegsteilnehmer und deren Eliten, deren gemeinsamer Nenner die Ablehnung der Weimarer Republik war. Vielmehr war er insgesamt Ausdruck einer Sammelbewegung des Protestes gegen die herrschenden sozialen und politischen Verhältnisse.[20] In diese Sammelbewegung des Protestes stellten sich schon in der Phase des Aufstiegs des Nationalsozialismus neben die alten Eliten[21] und einen Teil der Kriegsteilnehmer auch die Nachkriegsgeneration[22], also derjenige Teil der bürgerlichen Jugend, die entweder in der Schlußphase des Krieges noch zum Militär kam und vielfach als Offiziere den Dienst versah, aber auch jene Mehrheit, die vom Fronterlebnis verschont blieb. Das prägende Gruppenerlebnis beider Teile in ihrer Kindheit und Jugend war dennoch der Krieg mit seinen antihumanen, antimoralischen Traditionen der wilhelminischen Eliten und des deutschen Bürgertums, gleichgültig ob an der Front oder in der Heimat.[23] Aus diesem erkenntnisprägenden und wirkungsmächtigen Lebensabschnitt konstituierte die Jugend der Nachkriegszeit des Ersten Weltkrieges ihr Selbstverständnis als "politische Generation".[24] Die alle bisherigen gesellschaftlichen Erfahrungshorizonte sprengenden Auswirkungen des Krieges[25] hatten als kollektive Generationserfahrung eine verzweifelte und ohnmächtige Jugend hervorgebracht.[26] Diese Jugend verwarf einerseits die überkommenen Werte ihrer Väter, also die der Kriegsgeneration[27], andererseits öffnete sie sich den angebotenen Sinndeutungen des Nationalismus. Eingehüllt und umgeben von der pathetischen "Aura der Unschuld der Jugend"[28], erblickten nicht wenige von ihnen in der mythisch-verklärten "Wiedergeburt des Krieges" ihre historisch-politische Perspektive.[29] Sie erhoben für sich den Anspruch, geschichtsträchtige Gestalten und Träger eines neuen Reiches zu werden, des "Dritten Reiches".[30] "Die Alten haben den Krieg verloren, sie haben 1918 nur halbe Sache gemacht, sie haben die nationale Ehre verraten."[31] Deutlich wird die Auseinandersetzung zwischen der Kriegsgeneration und den alten Eliten mit der Nachkriegsgeneration um den Charakter des künftigen Krieges. Während vor allem General von Seeckt traditionelle Werte mit einer modernen Elitearmee verbinden wollte, war der Teil der jüngeren Offiziere der Ansicht, daß der kommende Krieg ein vom ganzen Volk geführter sein müsse. Deshalb habe man das ganze Volk und alle staatlichen Ressourcen bei der Kriegsvorbereitung mit einzubeziehen. Da der nächste Krieg nicht auf bestimmte Räume einzugrenzen wäre, verwischten sich in einem ideal typisch geführten Krieg die Grenzen zwischen Heimat und Front, zwischen

Zivilbevölkerung und Militär, ja in letzter Konsequenz zwischen Krieg und Frieden selbst.[32] Diese von vielen jüngeren Offizieren der Reichswehr mitgetragene Kriegs-Theorie ist von den Nationalsozialisten als zukünftige Gesellschaftskonzeption ideologisch und politisch usurpiert worden. Dem Gedanken des Eliteheeres als "Staat im Staate" stand damit der des "Wehrstaates" gegenüber. In geistiger Anlehnung an das sozialdemokratische Ideal eines "Volksheeres" im zukünftigen Wehrstaat beseitigten die Nationalsozialisten nach ihrer Machtergreifung alle sozialen Dienstausnahmen für das Militär, um im gleichen Zug rassische Ausschlußkriterien einzuführen.[33] Im kommenden Krieg sollte sich der Einzelne im Interesse des gesamten Volkes verwirklichen können und damit der revolutionäre Befreiungswillen der unteren Schichten des Volkes in eine Triebkraft zur nationalen Befreiung umgewandelt werden. Und daß ein weiterer Krieg kommen würde, davon waren die alten Eliten, die junge Aufstiegsgeneration der Bürgerlichen und die Nationalsozialisten überzeugt, denn Krieg war für sie in sozialdarwinistisch-rassistischer Legitimation eine Naturbedingung des menschlichen Wesens. In der Zeit, in der kein Krieg herrschte, galt für sie, die Gesellschaft auf den zukünftigen Krieg vorzubereiten.[34] Nur die Frage, wann der nächste Krieg kommt, stand noch offen.

Dem größten Teil der alten aristokratisch-militärischen Eliten gelang es, über die Zeit der Weimarer Zeit hinaus im NS-Staat als höchste Funktionsträger in der neuen Wehrmacht zu verbleiben.[35] Sie und der Nationalsozialismus waren in ihren militaristischen Zielen auf das engste miteinander verbunden. Nach außen verfolgten beide die Revision des Versailler Vertrages und die zukünftige Durchsetzung alter deutscher Großmachtpläne. Aus diesem Grund unterstützten die alten militärischen Eliten weitgehend das Vorhaben für eine rassistische Kriegs- und Raumpolitik Hitlers. Nach innen verfolgten sie den Aufbau einer autoritären Regierungsgewalt und die Schaffung einer schlagkräftigen neuen Streitmacht. In der Verwirklichung beider Ziele sahen die alten Militäreliten den Garanten zur Wiederherstellung preußisch-deutscher Traditionen in Armee und Gesellschaft. Für Hitler waren sie das Instrument seiner machtpolitischen Ziele, die er nur mit Hilfe der Armee umsetzen konnte.[36] Die Steigerung des militärischen Potentials zur Erreichung dieser Ziele mußte aber bei den einzelnen Menschen beginnen. In diesem Sinne propagierte die militärische Führung, daß die Armee der Erzieher des Volkes, die höchste Schule zur vaterländischen Erziehung, die "Schule der Nation" sei.[37] Zivile Berufe wie Ärzte oder Lehrer hatten sich in diesem Sinne gleichermaßen als Funktionsträger diesem

Ziel unterzuordnen. Sie sollten das "Menschenmaterial" für die Zwecke dieses "Volksstaates" formen und sich dabei ebenfalls autoritärer, repressiver Strategien bedienen.[38] Pragmatisch hieß das in Anlehnung an die militärische Hierarchie, die Gesellschaft nach dem "Führer-Prinzip" aufzubauen. Dem lag die Vorstellung zu Grunde, daß nur ein charismatischer Führer in der Lage wäre, die geforderte Freisetzung und Bündelung aller völkischen Potentiale und Energien zu erreichen.[39] Die schreibenden Protagonisten der nationalen Rechten, die militärischen Eliten und die Nationalsozialisten begründeten das Führerprinzip mit ihrem Bild von der Frontkameradschaft im Krieg und ihrem Modell des Frontoffiziers im Ersten Weltkrieg. So wie demnach der Frontoffizier beim Sturm seiner Kompanie unentbehrlicher Führer war, so sollte dem Volk ein Führer unentbehrlich sein. Denn er allein bilde denjenigen Kraftpunkt, von dem aus eine Einheit als Gebilde hergestellt, gefestigt und aufrecht gehalten werde.[40] Das dabei alles bestimmende Prinzip sollte also das des Führers und der Gefolgschaft sein. Aus ihm leiteten Hitler als selbsternannter Führer des deutschen Volkes und die Nationalsozialisten wiederum ihren Anspruch auf autoritäre und totale Herrschaft ab. In seiner Konsequenz verhalf die Reichswehr und später die Wehrmacht Hitler und den Nationalsozialisten zum politischen Aufstieg und zur Konsolidierung ihrer Macht.

Viele zivile politische Funktionsträger der Weimarer Republik, alle ihre Organisationen und Parteien wurden nach der nationalsozialistischen Machtergreifung aus ihren Positionen beseitigt und durch neue ersetzt. Wie die alten militärischen Eliten waren auch sie als politische Funktionsträger im nationalsozialistischen Staat in radikalster Form dem rassistischen Utilitarismus Hitlers unterworfen.[41] Mit dem Prozeß der Gleichschaltung im Zusammenhang mit der "legalen Machtergreifung" und den erlassenen Notverordnungen "zum Schutz des deutschen Volkes" vom 04.02.1933, "zum Schutz von Volk und Staat" vom 27./28.02.1933 sowie dem "Gesetz zur Behebung der Not von Volk und Reich" (Ermächtigungsgesetz) vom 23./24.03.1933 und dem "Gesetz zur Gleichschaltung im Reich" (u. a. Wiederherstellung des Berufsbeamtentums) vom 07.04.1933 schuf Hitler die entscheidenden innenpolitischen Grundlagen zur Umsetzung seiner zukünftigen Kriegspolitik. Sein militärisches Programm zur zukünftigen Kriegsführung begann nach der Phase der Konsolidierung mit der Wiedereinführung der Wehrpflicht in Deutschland im März 1935.

Anmerkungen:

[1] Vgl. Eberhard Kolb: Die Weimarer Republik, 3. Aufl., München 1993, S. 137 – 231. Grundprobleme und Tendenzen der Forschung.

[2] Vgl. Albrecht Tyrell: Der Aufstieg der NSDAP zur Macht. In: Bracher/Funke/Jacobsen Hg.: Die Weimarer Republik 1818 – 1933, 2. Aufl., Bonn 1988, S. 468. Auch Albrecht Tyrell: Führer befiehl... Selbstzeugnisse aus der "Kampfzeit" der NSDAP, Nachdruck, Bindlach 1991, S. 307. "Der Gedanke, einander künftig brauchen zu können. ließ das Interesse [zur Zusammenarbeit von nationalistischen Bünden, Gruppen und auch Parteien mit der NSDAP zwischen 1929 - 1933] auf beiden Seiten wachsen."

[3] Martin Broszat: Der Zweite Weltkrieg: Ein Krieg der "alten" Eliten, der Nationalsozialisten oder der Krieg Hitlers? In: Martin Broszat/Klaus Schwabe Hg.: Die deutschen Eliten und der Weg in den Zweiten Weltkrieg, München 1989, S. 30 ff.

[4] Vgl. Wolfgang Keim: Erziehung unter der Nazi-Diktatur, Darmstadt 1995, S. 20. "Entsprechende Einstellungen und Handlungen lassen sich auch für den Bereich der Pädagogik nachweisen und haben sich hier als besonders belastend erwiesen.", S. 21.

[5] Vgl. Kurt Sontheimer: Die politische Kultur der Weimarer Republik. In: Bracher/Funke/Jacobsen Hg.: Die Weimarer Republik 1918 – 1933, 2. Aufl., Bonn 1988, S. 454 – 464.

[6] Besonders im Militär, der Reichswehr, wird das deutlich. "Am schwersten wog jedoch [nach militärischer Niederlage und Revolution], daß die Verbindung des professionellen Ethos des Militärs zu einem übergeordneten Wertesystem verloren ging. Deshalb war für viele Militärs seine [Hitlers] Weltanschauung, so wie sie damals dargestellt wurde, endlich jene Verbindung, die charismatisches Führertum mit dem professionellen Ethos der Offizierskorps und einer höheren "vaterländischen" Sinngebung wieder herzustellen schien. Denn die hatte man in den Jahren der Republik so schmerzlich vermißt." Vgl. dazu Ronald Smelser/Enrico Syring: Die Militärelite des Dritten Reiches. 27 Biographische Skizzen, Berlin 1997, S. 9 – 24.

[7] Klaus A. Maier/Gerd R. Ueberschär: Kräfte, Tendenzen, Strömungen im Militär. In: Oswald Hirschfeld Hg.: Auf dem Weg ins Dritte Reich. Kräfte – Tendenzen - Strömungen, 2. Aufl., Bonn 1982, S. 181.

[8] Vgl. Gene Mueller: Wilhelm Keitel – Der gehorsame Soldat. In: Smelser/Syring: Die Militärelite des Dritten Reiches, Berlin 1997, S. 253 f.

[9] Klaus A. Maier/Gerd R. Ueberschär: Kräfte, Tendenzen, Strömungen im Militär. In: Oswald Hirschfeld Hg.: Auf dem Weg ins Dritte Reich. Kräfte - Tendenzen - Strömungen, 2. Aufl., Bonn 1982, S. 183.

[10] Klaus-Jürgen Müller: Deutsche Militärelite in der Vorgeschichte des Zweiten Weltkrieges. In: Broszat/Schwabe Hg.: Die deutschen Eliten und der Weg in den Zweiten Weltkrieg, München 1989, S. 236. f.

[11] Klaus A. Maier/Gerd R. Ueberschär: Kräfte, Tendenzen, Strömungen im Militär. In: Oswald Hirschfeld Hg.: Auf dem Weg ins Dritte Reich. Kräfte - Tendenzen - Strömungen, 2. Aufl., Bonn 1982, S. 188, Anm. 24. Zitat nach Hans von Seekt: Gedanken eines Soldaten, Leipzig 1935, S. 93.

[12] Ebd., S. 188 f.

[13] Martin Broszat: Der Zweite Weltkrieg. In: Broszat/Schwabe Hg.: Die deutschen Eliten und der Weg in den Zweiten Weltkrieg, München 1989, S. 35.

[14] Ebd., S. 36 f. Übereinstimmungen ergaben sich vor allem in Bezug auf die revisionistischen Bestrebungen gegen den Versailler Vertrag. Von daher war für die meisten die "Friedenszeit" nur eine Zwischenzeit bis zum nächsten Krieg.

[15] Ebd., S. 35.

[16] Roland Smelzer/Reiner Zitelmann Hg.: Die Braune Elite I. 22 Biographische Skizzen, 3. Aufl., Darmstadt 1994.

[17] Martin Broszat: Der Zweite Weltkrieg. In: Broszat/Schwabe Hg.: Die deutschen Eliten und der Weg in den Zweiten Weltkrieg, München 1989, S. 35.

[18] Thomas Kühne: Kameradschaft - "das Beste im Leben des Mannes". Die deutschen Soldaten des Zweiten Weltkriegs in erfahrungs- und geschlechtergeschichtlicher Perspektive. In: Geschichte und Gesellschaft 22, 1996, S. 509 f.

[19] Roland Smelzer/Reiner Zitelmann Hg.: Die Braune Elite I, 3. Aufl., Darmstadt 1994, Vorwort S. XII.

[20] Jürgen W. Falter: Hitlers Wähler, München 1991, S. 289.

[21] Norbert Elias: Studien über die Deutschen: Machtkämpfe und Habitusentwicklung im 19. und 20. Jahrhundert. Michael Schröter Hg., 2. Aufl., Frankfurt a. M.1994, S. 280 f.

[22] Michael H. Kater: Generationskonflikt als Entwicklungsfaktor in der NS-Bewegung vor 1933. In: Geschichte und Gesellschaft 11, 1985, S. 217.

[23] Norbert Elias: Studien über die Deutschen: Machtkämpfe und Habitusentwicklung im 19. und 20. Jahrhundert. Michael Schröter Hg., 2. Aufl., Frankfurt a. M. 1994, S. 279, Michael H. Kater: Generationskonflikt als Entwicklungsfaktor in der NS-Bewegung vor 1933. In: Geschichte und Gesellschaft 11, 1985, S. 218.

[24] Ulrich Herbert: Best. Biographische Studien über Radikalismus, Weltanschauung und Vernunft 1903 – 1989, Bonn 1996, S. 42.

[25] Ebd.

[26] Ulrich/Ziemann Hg.: Krieg im Frieden, Frankfurt a. M. 1997, S. 189, Dok. 26 d. Der liberal-konservative Journalist und Schriftsteller Friedrich Franz v. Unruh in einem Aufsatz vom 1932 über die Gründe, warum Teile der akademischen Jugend in die Armee eines bornierten Nationalismus trieben und welche Rolle der Krieg und seine Darstellung nach 1918 dabei spielten.

[27] Michael H. Kater: Generationskonflikt als Entwicklungsfaktor in der NS-Bewegung vor 1933. In: Geschichte und Gesellschaft 11, 1985, S. 218.

[28] Ulrich/Ziemann Hg.: Krieg im Frieden, Frankfurt a. M. 1997, S. 193. Die Kriegser-innerung wird gleichgeschaltet, Dok. 27 a, Michael H. Kater: Generationskonflikt als Entwicklungsfaktor in der NS-Bewegung vor 1933. In: Geschichte und Gesellschaft 11, 1985, S. 221.

[29] Hans Jochen Gamm: Führung und Verführung. Pädagogik des Nationalsozialismus, 3. Aufl., München 1964, S. 79 – 82, Dokument 5, Hans Schemm: Der Nationalismus als Vaterlandsliebe und Todesbereitschaft, Bayreuth 1942, S. 108 – 113. "Vierzehn Jahre lang hat man sich bemüht, den Heroismus des deutschen Volkes in einen lächerlichen Pazifismus umzufälschen. Wir wenden uns, wie wir uns vom Internationalismus zum Rassenstolz wandten, im Gegensatz zum Pazifismus mit heißer Liebe zum Wehrwillen hin."

[30] Raul Hilberg: Täter, Opfer, Zuschauer. Die Vernichtung der Juden 1933 – 1945, Frankfurt a. M. 1992, S. 51. "Aus der Sicht Hitlers und seiner Getreuen war die alte Organisationsstruktur mit verknöcherten Juristen überfrachtet, mit großkotzigen Diplomaten und verkalkten Generälen. In den alten Hierarchien herrschten Traditionsbewußtsein und das Gefühl, daß man anerkannt wurde. Die neuen Männer hielten sich dagegen für eine Vorhut mit der Mission, das Schicksal Deutschlands fest in die Hand zu nehmen."

[31] Michael H. Kater: Generationskonflikt als Entwicklungsfaktor in der NS-Bewegung vor 1933. In: Geschichte und Gesellschaft 11, 1985, S. 220 f.

[32] Maier/Ueberschär: Kräfte, Tendenzen, Strömungen im Militär. In: Oswald Hirschfeld Hg.: Auf dem Weg in das Dritte Reich, 2. Aufl., Bonn 1982, S. 194.

[33] Ulrich Bröckling: Disziplin. München 1997, S. 262. Totale Mobilmachung, Totaler Staat, Totaler Krieg.

[34] Maier/Ueberschär: Kräfte, Tendenzen, Strömungen im Militär. In: Oswald Hirschfeld Hg.: Auf dem Weg in das Dritte Reich, 2. Aufl., Bonn 1982, S. 1945.

[35] Dr. Gerd F. Heuer: Die deutschen Generalfeldmarschälle und Großadmirale 1933 – 1945. In: Dokumentation zur Geschichte des Krieges 1910 – 1945, 2. Aufl., Rastatt 1997. Sämtliche aufgeführten Militärgrößen einschließlich Hermann Göring waren Weltkriegsteilnehmer, die meisten bereits als Offiziere, Gerd P. Heuer: Die Generalobersten des Heeres. Inhaber höchster deutscher Kommandostellen. In: Ders., 2. Aufl., Rastatt 1997. Gleiches gilt für die zweite Riege der militärischen Befehlshaber. Alle Offiziere sind vor 1895 geboren und gehören der Generation der Weltkriegsteilnehmer an. Bemerkenswert ist bei dem Autor, mit welch offener Naivität er die Leistungen aller aufgeführten Befehlshaber des "Großdeutschen Reiches" darlegt. Da heißt es beispielsweise im Vorwort, es "[...] gab Mißverständnisse zwischen Hitler und seinen Feldherren. [...] Trotzdem gelang es, bis 1943 große Erfolge zu erzwingen." usw., Geleitwort, S. 9. In: Die deutschen Generalfeldmarschälle. Vgl. dazu Smelzer/Syring: Die Militärelite des Dritten Reiches, Berlin 1997. Diese Autoren zeigen vor allem auf, in welchen verwirrend und mehrschichtigen Formen die vorgestellten Befehlshaber als Offiziere in das NS-Regime eingebunden waren und welche Konsequenzen sich daraus ergaben.

[36] Broszat/Schwabe Hg.: Die deutschen Eliten und der Weg in den Zweiten Weltkrieg, München 1989, S. 226 – 290.

[37] Maier/Ueberschär: Kräfte, Tendenzen, Strömungen im Militär. In: Oswald Hirschfeld Hg.: Auf dem Weg ins Dritte Reich, 2. Aufl., Bonn 1982, S. 191 f.

[38] Ulrich Bröckling: Disziplin, München 1997, S. 250. Vgl. Wolfgang Keim: Erziehung unter der Nazi-Diktatur, Darmstadt 1995.

[39] Ulrich Bröckling: Disziplin, München 1997, S. 250.

[40] Vgl. Hans Freyer: Der Staat, Leipzig 1925, S. 112.

[41] Wolfgang Keim: Erziehung unter der Nazi-Diktatur, Darmstadt 1995, S. 17. Exemplarisch für die gesamte Gesellschaft beschreibt Klein diesen Prozeß in der deutschen Pädagogik.

3.5 Die junge bürgerliche Generation im Nachkriegsdeutschland und der Nationalsozialismus am Beispiel Dr. Werner Best

Kriege, zumal verlorene, stellen an die überlebenden Teilnehmer sowie die nachfolgenden Generationen in vielfältigster Art und Weise Fragen nach dem Sinn des Krieges, aber vor allem nach seinen Auswirkungen. Dabei ist es von Bedeutung, wie die Fragenden in den Krieg eingebunden waren, ob sie direkt beteiligt waren oder ob sie ihn nur marginal wahrnahmen. Die Biographien der meisten Menschen reichen dabei weit über die Herrschaftszeit des politischen Systems hinaus, in dem der Krieg erfahren wurde. Die subjektiven Erinnerungen, Erfahrungen und ihre Verarbeitung bilden in diesem Zusammenhang die Grundlagen für die daraus allgemein abgeleiteten historischen Sichtweisen auf den Krieg. In der Reflexion auf die Erfahrungen des Krieges entstehen dann die Handlungsweisen, die die jeweilige Generation bestimmen.[1]

Träger der Rückschau und der Verarbeitung der Fronterfahrungen des Ersten Weltkrieges waren im Nachkriegsdeutschland vor allem die alten nationalistischen und militärischen Eliten. Sie bestimmten weitgehend richtungsweisend den öffentlichen Diskurs über den verlorenen Krieg und seine Folgen. Sie entwarfen daraus die Pläne für eine Zukunft im nationalistischen Sinne. Sie verwarfen die demokratische Chance der Gegenwart und huldigten nach wie vor einem nationalen Mythos. Sie erklärten den letzten Krieg zur Zwischenstation hin zu einem noch gewaltigeren und beeinflußten damit nachhaltig die Jugend der Nachkriegszeit. Sie lieferten im Prozeß der Verklärung der Kriegserfahrungen der deutschen Soldaten Argumente, an denen sich viele Menschen orientierten.[2] Sie stifteten Überzeugungswelten für eine ganze Generation.[3] Viele junge Männer trieb dies in die Arme der Nationalsozialisten. Hier meinten sie, Erklärungen für ihre Gegenwart zu finden. Was sie wirklich vorfanden, war ein völkisch-ideologisch aufgeladener Aktionismus, der zur Selbstzerstörung führte, bei dem viele von ihnen zu Mittätern der nationalsozialistischen Verbrechen wurden.[4] Einen besonderen Einfluß hatten die von den nationalen Rechten vorgegebenen Sinndeutungen vor allem auf die akademisch gebildete Jugend der Nachkriegszeit.[5] Und nicht wenige von ihnen erhoben daraus ihren ganz persönlichen Anspruch, nämlich dem gefallenen Vater nachzueifern und ihn zu rächen.

Einer, der in typischer Weise für diese Generation steht, war Dr. Werner Best. Er besetzte später unter der NS-Herrschaft eine der wichtigen zentralen Positionen im

SS-Führungsapparat. Er war nicht nur Mitläufer wie viele seiner Zeitgenossen. Er war ganz bewußt auch Mittäter bei der Umsetzung der nationalsozialistischen Verbrechen im Zweiten Weltkrieg.[6] Was ihn gegenüber anderen Mitverantwortlichen heraushebt, war nicht seine Mittäterschaft als solche, sondern seine theoretisch fundierte nationalsozialistische Weltanschauung. Als zweifellos brillanter Denker stellte er seine Fähigkeiten in den Dienst des Nationalsozialismus. Er verkörperte den modernen Typus von Intellektuellen, der in Anlehnung an das Trauma des Krieges sein Denken auf die Grundlagen des völkischen Prinzips stellte.[7] Aus seiner völkischen Überzeugung heraus wurde er in seinen Funktionen in der SS und später im besetzten Ausland zu einem typischen nationalsozialistischen Schreibtischtäter.[8]

Der Verlust des Vaters im Krieg und sein Haß gegen Frankreich waren dafür zwei entscheidende Bedingungen. Er geriet als noch Halbwüchsiger bereits während des Krieges unter den Einfluß des Alldeutschen Verbandes. Die vom Alldeutschen Verband repräsentierte Geisteshaltung entsprach einer politischen Grundstimmung, in der sich Best offenbar mit seinem Trauma über den im Krieg gefallenen Vater wiederfinden konnte, nämlich dem Gefühl einer grenzenlosen Bedrohung von außen - die ganze Welt zum Gegner -, der Unfähigkeit, sich mit anderen Menschen im Einklang zu fühlen und der Neigung, immer mit dem Äußersten zu rechnen.[9] Was auf der einen Seite politisches Kalkül war, bestimmte für Best die subjektiven Erfahrungen und Bedingungen des Krieges. Aus seiner Verbindung zum Alldeutschen Verband leitete Best später sein entscheidendes Bildungserlebnis im Krieg ab. Das zweite entscheidende Erlebnis seiner Jugend war die französische Besatzungszeit in seiner Heimatstadt Mainz. Mit sechzehn Jahren wurde er noch als Gymnasiast Mitglied der Deutsch-Nationalen Volkspartei (DNVP). Als jugendlicher Aktivist gründete er im gleichen Jahr eine erste Ortsgruppe des Deutschnationalen Jugendverbandes.[10] Der Grund für sein frühes politisches Engagement lag vor allem in seinen prägenden Erlebnissen bei Kriegsende. Das waren einmal die drei Tage der Revolution in Mainz, der Durchmarsch großer deutscher Truppenteile auf dem Rückzug durch die Stadt und das Einrücken der französischen Truppen in die Stadt.[11] Durch diese Ereignisse glaubte Best für seine persönliche Perspektive die Legende vom "Dolchstoß" vor die eigenen Augen geführt. Denn hatten nicht "revolutionäre Horden" von Soldaten Strafgefangene aus dem Gefängnis geholt und Plünderungen verursacht, waren die deutschen Truppen nicht in mustergültiger Weise zurück marschiert, ohne den Eindruck zu hinterlassen, besiegt worden zu sein? Und maßen sich die französischen Besatzer nicht nur an, Sieger zu sein, sondern auch noch moralische Richter? All das hat Best zusätzlich zu seinen schon in der Kriegszeit ausgeprägten politisch-völkischen Vorstellungen beeinflußt und radikalisiert. Um so stärker und konsequenter entschloß er sich in seiner grenzenlosen Entrüstung, zukünftig gegen die Besatzungsmacht einerseits und gegen die Republik andererseits zu kämpfen.[12] Es konnten doch nicht alle Opfer umsonst gewesen sein. Diese individuellen Erfahrungen hatte Best mit vielen seiner Generation gleich. Sie trafen mit diesen Erfahrungen im Hintergrund auf Sinndeutungen, welche die Erlebnisse des Einzelnen in Kategorien und Wertmuster stellten, aus denen sich ihre allgemeine Sehnsucht nach einem großen Ganzen, nach dem Völkischen nährte und politisch konstituierte. In diesem Sinn waren sie die "politische Generation" der Nachkriegszeit.[13] Anders als bei der Frontgeneration fixierte sich aber der Prozeß der Verarbeitung des Krieges bei ihnen nicht im wesentlichen auf die schrecklichen Fronterfahrungen des Grabenkrieges, sondern zielte auf eine Erneuerung der Gesellschaft hin in der Abkehr von den Vätern. Übereinstimmung gab es jedoch in der Ablehnung der Ergebnisse des Krieges und der daraus entstandenen Republik, die die Folgen des Krieges zu tragen hatte. Vor ihren Augen hatte nicht nur die Welt der "Alten" bankrott gemacht, jetzt war auch noch die Freiheit des Vaterlandes preisgegeben worden. Neben dem Gefühl des politischen Bankrotts waren nicht minder die sozialen Bedingungen einschneidendes Merkmal für einen großen Teil der bürgerlichen Jugend der Nachkriegszeit.[14] Verarmung und geringe Aussichten auf berufliche Aufstiegschancen beförderten zwar zunächst klassen- und schichtenübergreifende Begegnungsmöglichkeiten zwischen bürgerlicher Jugend und Arbeiterjugend in der Jugendbewegung der Nachkriegszeit. Sie erfüllten für Best in ihrem abgeschlossenen Gruppendünkel aber keineswegs das Bedürfnis nach einer gesellschaftlich übergreifenden Volksgemeinschaft, in der die sozialen und politischen Widersprüche aufgehoben werden konnten.[15] Aus diesen Erfahrungen schien es für Best aber möglich, ja sogar notwendig, für ein freies und geeintes Deutschland zu kämpfen. Die radikale Ausformung seiner Erfahrungen in der Nachkriegszeit und die daraus abgeleitete politische Weltanschauung führten ihn in seiner "Vernunft" zu einer politischen Haltung, die ihn dazu befähigte, seine eigenen Vorstellungen von der "völkischen Lebensauffassung" zu entwickeln. In verschiedenen Gruppen und Organisationen der Rechten durchlief Best in den folgenden Jahren seine erste "politische Karriere". Er engagierte sich in jungkonservativen-antidemokratischen Kreisen und völkischen Zirkeln und fand hier seine erste politische Heimat. Es bestand zu dieser Zeit für ihn kein Zweifel daran, daß er die individualistisch-humanitäre Staatsauffassung der Weimarer Republik ablehnte. Trotzdem war er in dieser Republik auch beruflich erfolgreich, als er 1927 promovierte. Inzwischen waren auch seine Verbindungen und Beziehungen zur rechten Bewegung weiter ausgebaut. Immer wieder agitierte er hier dafür, daß es notwendig sei, eine "Revolution von oben" durchzuführen. Nach seiner Vorstellung sollte dies mit Hilfe der alten Eliten, dem Reichspräsidenten Hindenburg, der Reichswehr und mit den nationalen Verbänden möglich werden.[16] Weil seine bisherige Partei, die DNVP, nicht mehr die geeignete Plattform war für seine völkisch-radikalen und nationalistischen Ansichten, verlagerte sich Best in seinen Aktivitäten zunehmend auf die kleinen "Nationalen Klubs", in denen politische Vorträge gehalten wurden. In diesen elitären und rechtsradikalen Clubs waren aber die Pläne für ein politisches völkisches Bündnis aller möglichen vaterländischen Vereine und völkischen Parteien Ende der zwanziger Jahre in der Hoffnung auf einen baldigen politischen Wandel nach rechts ebenfalls vorläufig aufgegeben worden. So war es trotz der ihn prägenden Gestalten wie Edgar Jung und Ernst Jünger nur ein konsequenter Schritt, als Best 1930 Mitglied der NSDAP wurde.[17] Edgar Jung und auch Ernst Jünger waren im Gegensatz zu Best Weltkriegsteilnehmer und reflektierten ihre Fronterfahrungen in philosophischen und literarischen Werken, die auf Best großen Eindruck machten. Aus ihnen schöpfte und entwickelte er seine eigenen völkisch-radikalen Auffassungen weiter. Während Jung mit seinem Hauptwerk "Die Herrschaft der Minderwertigen" Best dafür reichlich "rassenhygienische" Argumente lieferte, fand er im Werk von Jünger den propagierten Mythos vom aristokratischen "Krieger" vor.[18] Beide Vorstellungen verknüpfte Best miteinander in seiner völkisch-revolutionären Theorie vom elitären Kämpfertum. Hier knüpfte Best an, daß Krieg ein Naturzustand sei. Deshalb handele der Kämpfer, der den Gegner bekämpft und vernichtet, nicht aus Haß, sondern aus innerer Notwendigkeit. Der Kampf verschlinge sich nicht mehr in Gefühlen und Leidenschaften des Einzelnen oder von Gruppen, sondern wäre im Interesse des ganzen Volkes eine "sachliche Arbeit".[19] Im Zusammenschnitt von völkischen, lebensphilosophischen und sozialdarwinistischen Ideen mit dem generationsbedingten Ideal von "Sachlichkeit" und "Heroismus" verknüpfte Best in zugespitzter Form die Ideen von "Konservativer Revolution" und "Soldatischem Nationalismus" zu seinen eigenen politischen Ideen. In radikaler Absage an alle moralisch fundierten und bestehenden Vorstellungen vom individuellen, nationalen und internationalen Recht erhob Best das "Recht des Kampfes" zum alleinigen

Ausgangspunkt bei seinen Betrachtungen über alle zwischenmenschlichen wie völkerrechtlichen Beziehungen.[20] Aus dieser Sicht war für ihn der Frieden nur eine "regulative Utopie", "die zwar gedacht werden muß, aber nicht verwirklicht werden könne."[21] Statt dessen bestünde die Wirklichkeit darin, so Best, ohne sie ändern oder gar abschaffen zu können, was ohnehin nicht möglich sei, aus Kampf und Krieg als Teil der Natur und des Lebens selbst. Deshalb seien die Kampfziele zeitbedingt und wechselten zwar in ihrer "sittlichen" Beurteilung. Nicht das Ziel des Kampfes oder gar der Sieg seien aber von Bedeutung, allein auf den Kampf komme es an, nicht auf die "gute" Sache und den Erfolg.[22] Die >Bejahung des Kampfes auf verlorenem Posten für eine verlorene Sache< sei dabei das Kriterium der neuen Haltung, die Best als "heroisch-realistisch" bezeichnete", meinte Jünger dazu.[23] Hier kamen in idealer Weise die destruktiven Erfahrungen der Frontgeneration mit dem Bedürfnis der Nachkriegsjugend nach erklärenden Sinndeutungen für die als zerstört empfundene Welt zusammen. Was Werner Best von den vielen seiner "politischen Generation" wesentlich unterschied, war sein ungemein intelligentes Aufnehmen von völkischen und nationalistischen Ideen. Die von der Realität des Krieges abgehobenen und stilisierten Fronterfahrungen der Frontgeneration erhob er zur Voraussetzung eines nationalistischen Staates, dessen Ziel die Volksgemeinschaft sein sollte. Dessen oberste Bestimmung war der Kampf um des Kampfes willen. In einem solchen Staat mit diesem Anspruch sah er die Überwindung aller gesellschaftlichen Widersprüche für gegeben. Der unbedingte Willen zum Kampf des Einzelnen sollte Ausdruck des Willens des ganzen Volkes sein. Das bedeutete für ihn ganz konkret Kampf um die Herrschaft im eigenen Land und dann gegen die natürlichen Gegner des Volkes, die anderen Völker.[24] Aus dieser theoretischen Perspektive vermochte es Best unter der Herrschaft des Nationalsozialismus, seine eigenen Verantwortlichkeiten zu begründen. Darüber hinaus vermittelte er zusätzlich Legitimationsformeln für den grausamen Umgang mit den zu Gegnern erklärten Menschen. Er bestimmte dadurch an entscheidender Position in der Nazizeit nicht nur seine eigenen Handlungen mit, er vermittelte darüber hinaus auch die Grundlagen für eine spezifische Brutalisierung im Umgang mit den politischen Gegnern. Als Abteilungsleiter im Geheimen Staatspolizeiamt seit 1935 und als Chef des Amtes I (Recht und Verwaltung) im Hauptamt der Sicherheitspolizei und als Vertreter des Chefs der Sicherheitspolizei seit 1936[25] arbeitete Best an der Entwicklung des Gestapo-Gesetzes wesentlich mit und begründete die Arbeit und Vorgehensweise der Gestapo in seinem Aufsatz "Die geheime Staatspolizei". Darin heißt es u. a.: "So wie die Wehrmacht im Kampf gegen den äußeren Feind nicht an Gesetz und Rechtsvorschriften gebunden werden könne, sei die Gestapo in ihrem Kampf mit dem inneren Gegner nicht durch gesetzliche Einschränkungen zu behindern. Denn ebenso wenig wie ein Offizier in der Schlacht überprüfen könne, ob sein Plan zur Vernichtung des Feindes >rechtens< sei, könne dies ein Gestapo-Beamter im Kampf gegen den inneren Feind."[26] Und ein Jahr später heißt es dazu weiter: "Wie die Operation eines Heeres gegen den auswärtigen Feind und die Mittel zur Niederringung dieses Feindes nicht vorgeschrieben werden können, so muß die Politische Polizei zur Bekämpfung der staatsgefährdenden Bestrebungen freie Hand in der Wahl der jeweils erforderlichen Mittel haben."[27] Damit gab er dem praktischen Aufgabenfeld der Politischen Polizei im nationalsozialistischen Staat seinen >weltanschaulichen< theoretischen Rahmen. In diesem Sinne war die Politische Polizei für Best die >innere Wehrmacht< im Volksstaat nationalsozialistischer Prägung.[28] In den nächsten Jahren sanktionierte Best durch zahlreiche weitere Aufsätze die totalitäre Praxis des NS-Führerstaates entscheidend mit. Er arbeitete intensiv mit am Prozeß der Zentralisierung der gesamten deutschen Polizei. Er sorgte für die theoretischen Grundlagen zur funktionalen Verklammerung von Polizei und SS, die auf eine Entstaatlichung der Polizei abzielte. Das heißt, daß SS und Polizei ihrerseits keiner rechtlichen Kontrolle durch andere Behörden unterliegen sollten. Die SS-Führung betrachtete sich damit als ein von der Verwaltung des NS-Staates unabhängiges Instrument des "Führerwillens", das keiner weiteren gesetzlichen Legitimation bedürfe.[29] In seiner weiteren Laufbahn mahnte Best zwar gegen die nach seiner völkischen Auffassung abweichenden politischen wie militärischen Handlungen des Reiches, so z. B. in seiner Denkschrift an Himmler und Heydrich gegen den Einmarsch in Prag 1939 sowie 1942 in einem Aufsatz gegen den "Herrenrassen-Wahn". Doch trotz dieser "Erkenntnisse" und seiner offenen Kritik an der "unvölkischen" Politik Hitlers hatte er im Zweiten Weltkrieg maßgeblichen Anteil an den zu Beginn des Krieges in Polen begangenen Verbrechen.[30] Nachdem er durch persönliche Rivalität mit seinem direkten Vorgesetzten Heydrich aus dem Reichssicherheits-Hauptamt (RSHA) 1940 verdrängt wurde, kam Best zunächst seit Sommer 1940 in das besetzte Frankreich. Er befaßte sich dort mit den Fragen der Organisation und der landeseigenen Verwaltung. Deren Aufgabe war es, die Aufsicht über die Polizei herzustellen und die Bekämpfung der französischen Widerstandsbewegung sicherzustellen. Ende 1942 übernahm er den vakanten Posten eines Reichsbevollmächtigten im besetzten Dänemark. Hier verfolgte er beharrlich und relativ unabhängig vom Reich seine

Vorstellungen von völkischer Politik. "Den Lebensgesetzen [...] entspricht, daß jedes Volk als Selbstzweck des Lebens anerkannt wird und mit gleicher Existenzberechtigung neben allen anderen Völkern stehe."[31] In diesem Sinne und weil die Dänen für ihn zur "germanischen Gemeinschaft" gehörten, sollte die Besatzungspolitik nicht mit "Härte" geführt werden. Denn "[...] daß Führung auf Dauer nie ohne oder gegen den Willen der Geführten ausgeübt werden kann [...]", war für ihn ebenfalls grundlegende Überzeugung.[32] Mit der Radikalisierung des Krieges mußte er diesen Anspruch als gescheitert erkennen. "Werner Best hat den Dänen mit seiner geschmeidigen Politik der Zusammenarbeit, die er bisweilen auch gegen die "Reichslinie" durchsetzte, viele Härten erspart und Schlimmeres verhütet. Zu offener Auflehnung vermochte sich Best zwar nicht zu entschließen, doch sabotierte er durch selbständige Maßnahmen viele Versuche der zentralen Reichsstellen, in die Geschicke des Landes einzugreifen."[33]

Werner Best hat in seinem langen Leben vier unterschiedliche Gesellschaftssysteme erlebt. Seine subjektiven Erfahrungen im Ersten Weltkrieg bestimmten seinen politischen Weg innerhalb der nationalen rechten Bewegung in der Weimarer Republik und im NS-Staat. Wenn Best aus seinen Weltkriegs- und Nachkriegserfahrungen zum Gehetzten auf der Suche nach Erklärungen und Sinndeutungen wurde, so war er unter der nationalsozialistischen Herrschaft gleichermaßen Opfer und in seinen Funktionen Täter. Opfer war er durch die tiefgreifenden politischen, sozialen und gesellschaftlichen Brüche seiner Zeit, Täter aus der scheinbar zwangsläufigen Konsequenz seiner völkisch motivierten Weltanschauung. Er war mehr als nur ein Mitläufer wie viele andere seiner bürgerlichen Generation, deren gemeinsamer Nenner die Ablehnung der Weimarer Republik war.

Anmerkungen:

[1] Vgl. Reinhart Koselleck: Der Einfluß der beiden Weltkriege auf das soziale Bewußtsein. In: Wolfram Wette Hg.: Der Krieg des Kleinen Mannes, München 1992, S. 324 - 333.

[2] Vgl. Martin Broszat: Der Zweite Weltkrieg. In: Broszat/Schwabe Hg.: Die deutschen Eliten und der Weg in den Zweiten Weltkrieg, München 1989, S. 25 - 71.

[3] Ulrich Herbert: Best, Bonn 1996, S. 38 f.

[4] Ebd., S. 34 – 37.

[5] Ulrich/Ziemann: Krieg im Frieden, Frankfurt a. M. 1997, S. 189, Dok. 26 d.

[6] Vgl. Sebastian Werner: Werner Best - Der völkische Ideologe. In: Smelzer/Sy-ring/Zitelmann Hg.: Die Braune Elite II. 21 weitere Biographische Skizzen, Darmstadt 1993, S. 13 – 25.

[7] Ebd., S. 14.

[8] Ulrich Herbert: Best, Bonn 1996, S. 11 – 21.

[9] Vgl. Dieter Fricke u. a. Hg.: Lexikon zur Parteiengeschichte. Die bürgerlichen und kleinbürgerlichen Parteien und Verbände in Deutschland 1789 – 1915, Bd. 1 – 4, Köln 1983 – 1986. Auch Fuchs/Raab: Wörterbuch zur Geschichte, Bd. 1, 9. Aufl., München 1993, S. 35 f.

[10] Sebastian Werner: Werner Best - Der völkische Ideologe. In: Smelzer/Syring/ Zitelmann Hg.: Die Braune Elite II, Darmstadt 1993, S. 14.

[11] Ulrich Herbert: Best, Bonn 1996, S. 29 – 31.

[12] Ebd., S. 40 f.

[13] Ebd., S. 42 f.

[14] Ebd., S. 44.

[15] Ebd., S. 45.

[16] Sebastian Werner: Werner Best - Der völkische Ideologe. In: Smelzer/Sy-ring/Zitelmann Hg.: Die Braune Elite II. 21 weitere Biographische Skizzen, Darmstadt 1993, S. 14, Ulrich Herbert: Best, Bonn 1996, S. 88.

[17] Zu dem Austritt von Best aus der DNVP geben die beiden Autoren Sebastian Werner und Ulrich Herbert unterschiedliche Jahre an. Die Angabe von Werner mit dem Jahr 1929 soll nach Ulrich nicht zutreffen. Woher er die korrigierte Angabe hat, weist er aber nicht nach. Vgl. Sebastian Werner: Werner Best - Der völkische Ideologe. In: Smelzer/Syring/Zitelmann Hg.: Die Braune Elite II, Darmstadt 1993, S. 14, Ulrich Herbert: Best, Bonn 1996, S. 90, Anm. 9. Inwiefern das für die Hinwendung von Best zur NSDAP von Bedeutung war, stellen beide in diesem Zusammenhang nicht heraus.

[18] Ulrich Herbert: Best, Bonn 1996, S. 91 ff.

[19] Ebd., S. 95.

[20] Ebd., S. 96. Ulrich bezieht diese Aussage auf seine Untersuchung des Buches von Ernst Jünger Hg.: Krieg und Krieger, Berlin 1930. Das Buch enthält u. a. einen Aufsatz von Best mit dem Titel: Der Krieg und das Recht. Darin verurteilt Best die völkerrechtlichen Bestrebungen in Erfahrung des Ersten Weltkrieges zur Verhinderung weiterer Kriege. Das sei alles typische, westliche Geisteshaltung, die dem wahren Wesen des Menschen widerspreche. Eine friedliche Menschheit sei deshalb eine Utopie.

[21] Ulrich Herbert: Best, Bonn 1996, S. 97.

[22] Ebd. Alle aufgeführten Gedanken nach Werner Best: Der Krieg und das Recht. In: Ernst Jünger Hg.: Krieg und Krieger, Berlin 1930.

[23] Ebd., S. 97. Aus dem Vorwort Jüngers zu seinem Buch "Krieg und Krieger" über den Aufsatz von Best in diesem Buch.

[24] Ebd., S. 100.

[25] Zu der politischen Karriere und die Funktionen von Best im NS-Apparat vgl. Reinhard Rürup Hg.: Topographie des Terrors. Gestapo, SS und Reichssicherheitshauptamt auf dem >Prinz-Albrecht-Gelände<. Eine Dokumentation, 10. Aufl., Berlin 1995, S. 74.

[26] Ulrich Herbert: Best, Bonn 1996, S. 163 f.

[27] Ebd., S. 164, Anm. 88.

[28] Ebd., S. 180.

[29] Sebastian Werner: Werner Best - Der völkische Ideologe. In: Ronald Smelzer u. a. Hg.: Die Braune Elite II, Darmstadt 1993, S. 18.

[30] Sebastian Werner: Werner Best - Der völkische Ideologe. In: Ronald Smelzer u. a. Hg.: Die Braune Elite II, Darmstadt 1993, S. 20.

[31] Ebd.

[32] Ebd.

[33] Ebd., S. 23.

4. Epilog

Wie schon in den Kriegen des 19. Jahrhunderts wurde neben den anderen kriegsteilnehmenden Staaten anfangs auch in Deutschland der Erste Weltkrieg von einer Woge patriotisch-religiöser Begeisterung getragen. Diese nationale Aufbruchsstimmung, erzeugt durch den pathetisch aufgeladenen "Geist von 1914", erfaßte große Teile der Bevölkerung und vereinte so die verschiedenen gesellschaftlichen Gruppen und Parteien im politisch legitimierten "Burgfrieden" zwischen Kaiser und Volk. Kaiser Wilhelm II. erklärte: "Ich kenne keine Parteien, ich kenne nur noch Deutsche." Die propagierte "Volksgemeinschaft" und inszenierte "Frömmigkeit" verschmolzen zur "göttlichen Offenbarung". Sie sollte im Stande sein, die propagierte, von außen aufgezwungene Bedrohung in einem "gerechten Krieg" zurückzuweisen. Das konstruierte Bild von der Gemeinsamkeit zwischen Kaiser, Kirche und Parteien erhob den Anspruch, die bisherigen gesellschaftlichen Gegensätze aufzuheben und idealisierte den bevorstehenden Waffengang fürs Vaterland zur patriotischen Pflicht.

Dem Rausch der ersten Kriegswochen folgte in den Schützengräben für die Soldaten die schmerzhafte Ernüchterung der Kriegsrealität. Die zunehmend hohen Verluste und die damit verbundenen Schrecken forderten den Überlebenswillen der Soldaten heraus. Für immer mehr von ihnen stellte sich die Frage nach dem Sinn des Krieges. Doch politische Durchhalteparolen und religiöse Propaganda vom "Heldentod" appellierten unablässig an das soldatische Gewissen. Militärische Disziplin erzwang eine anhaltende Opferbereitschaft. Theologische Schriften, die Presse und Kriegsberichte der "Heimatfront" verherrlichten den Tod auf dem Schlachtfeld zum Opfer fürs Vaterland. Vor allem nationale Parteien und Gruppen verklärten die Schrecken des Krieges zum "Fronterlebnis", und die "Frontkameradschaft" wurde zum Synonym für den "Burgfrieden". Die Wirklichkeit des Krieges hatte aus dieser Perspektive keinen Platz in der Wahrnehmung.

Nach dem Krieg ersetzten zahlreiche nationalistische Symbole und Rituale die Erinnerung an den Krieg. Religiöse Schlachten- und Heldenfeiern sowie Tausende Kriegerdenkmale beherrschten den gesellschaftlichen Alltag. Das "Fronterlebnis" lebte in Hunderten Kriegsberichten und Kriegsromanen auf und nährte die Legende von der "Frontkameradschaft" sowie vom unbesiegten Heer. Der "Dolch" im Rücken der Front sei verantwortlich für die Niederlage, das Heer dagegen sei unbesiegt geblieben.

Die Revolution von 1918, die zum Sturz der alten Monarchie führte, die geforderten Reparationen der Sieger und die politische Instabilität der jungen Republik nährten von Anbeginn revanchistisches Denken. Massenarbeitslosigkeit, Inflation und allgemeiner wirtschaftlicher Niedergang beschleunigten die politische Spaltung, die sich antidemokratische, restaurative, militärische und nationalistische Kräfte zu Nutze machten. So überdauerten tief verankerte alte Feindbilder in den Köpfen. Eine unbestimmte Sehnsucht nach Wiederherstellung der nationalen Ehre spiegelte sich zusätzlich in den jeweiligen Ideologien und politischen Zielen der nationalistischen Kräfte wieder.

Geschichte ist keine eindimensionale Gleichförmigkeit von kausalen Ereignissen, sondern ein Geflecht verschiedener gesellschaftlicher, politischer und kultureller Ebenen. Das Hier und Jetzt speist sich dabei aus historischen Ereignissen, ihren Erfahrungen und ihrer Transformation in die jeweilige Zeit. Die Kriegsschuldfrage, der verlorene "Große Krieg" und die daraus folgende Revolution 1918 waren insofern wesentliche Vorbedingungen dafür, daß die Weimarer Republik entstand, die es aber nicht schaffte, das demokratische Prinzip in der deutschen Gesellschaft durchzusetzen und zu verankern. Die abgedankte politische Elite des Kaiserreiches versank nach der Niederlage förmlich im nationalen Pathos des in ihren Köpfen nie verlorenen gegangenen Krieges. Sie schuf damit gleichzeitig eine Basis für neue nationalistische Kräfte, die sich mit ihr im Verbund gegen die Realitäten stemmten. Auch viele ehemalige Soldaten ergaben sich der propagandistischen Aufwertung ihrer schrecklichen Erfahrungen im Ersten Weltkrieg zum "Fronterlebnis" und verinnerlichten weitgehend die unablässige Agitation vom "Dolchstoß". Damit verbanden sich oft genug Hoffnungen auf finanzielle Entschädigungen, insbesondere für diejenigen, die mit Kriegsfolgeschäden weiterzuleben hatten. Vor allem die nationalistischen Frontkämpferbünde wurden so zum Sammelbecken und Instrument nationaler und nationalsozialistischer Propaganda und Ziele: Ablehnung der Kriegsschuld und der damit verbundenen Reparationsforderungen, Wiedergewinnung der verloren gegangenen Gebiete und Wiederherstellung Deutschlands als Großmacht im europäischen Konzert.

Die Biographie von Dr. Werner Best zeigt, wie der nationalistische Geist die Jugend in den zwanziger Jahren erfaßte und im Sinne des Nationalsozialismus zu instrumentalisieren vermochte. Und dies war kein Einzelfall, sondern ein Massenphänomen. Unzählige junge Männer verschlangen die pathetische Kriegsliteratur der Veteranen, die den Krieg als Ausbildungsstätte nationaler

Gesinnung und jugendgemäßer Mannwerdung beschrieben. Dabei spielte die vielbeschworene Kameradschaft der Frontkämpfer eine zentrale Rolle. Die warnenden Gegenstimmen aus Politik, Kunst und Literatur gingen im allgemeinen Jubel der jährlichen Gedenktage unter. Sie überdeckten die erlittenen Schmerzen und Gefahren der Überlebenden und gediehen zum ideologischen Rüstzeug der Nationalsozialisten. Ihrem Führer Adolf Hitler gelang schließlich 1933 der Schulterschluß mit den alten Eliten der Kaiserzeit. Generalfeldmarschall Hindenburg wurde zur Symbolfigur dieser unseligen Allianz. Noch mehr als den österreichischen Gefreiten haßten die Anhänger der Monarchie die junge Demokratie, die sich 1918 gezwungenermaßen den politischen Realitäten stellen mußte, die jene erst entscheidend mitverursacht hatten. Daraus ergibt sich keine notwendige Kausalität zum Nationalsozialismus. Die historischen Tatsachen und ihre mythologische Tradierung durch die ehemaligen Eliten des Kaiserreiches einerseits und die Nationalsozialisten andererseits bestimmten aber den Weg in die zweite deutsche Katastrophe, den Zweiten Weltkrieg, entscheidend mit.

Literaturverzeichnis

Asmuss, Burkhard: Republik ohne Chance? Akzeptanz und Legitimation der Weimarer Republik in der deutschen Tagespresse zwischen 1918-1923, Berlin 1994.

Baumgart, Winfried: Die Julikrise und der Ausbruch des Ersten Weltkrieges 1914, Darmstadt 1983.

Behrenbeck, Sabine: Der Kult um die toten Helden. Nationalsozialistische Mythen, Riten und Symbole 1923 bis 1945. In: Otto Dann u. a. Hg.: Beiträge zur Nationsforschung, Köln 1992.

Behrenbeck, Sabine: Heldenkult und Opfermythos. Mechanismen der Kriegsbegeisterung 1918 – 1945. In: Marcel v. d. Linden u. a. Hg.: Kriegsbegeisterung und mentale Kriegsvorbereitung, Berlin 1991.

Benz, Wolfgang: Legenden, Lügen, Vorurteile. Ein Wörterbuch zur Zeitgeschichte, 6. Aufl., München 1994.

Berghahn, Volker R.: Der Stahlhelm. Der Bund der Frontsoldaten 1918 – 1935, Düsseldorf 1966.

Bessel, Richard: Die Heimkehr der Soldaten. Das Bild der Frontsoldaten in der Öffentlichkeit der Weimarer Republik. In: Gerhard Hirschfeld u. a. Hg.: >Keiner fühlt sich hier mehr als Mensch...<, Frankfurt a. M. 1996.

Bessel, Richard: Kriegserfahrungen und Kriegserinnerungen. Nachwirkungen des Ersten Weltkrieges auf das politische und soziale Leben in der Weimarer Republik. In: Marcel v. d. Linden u. a. Hg.: Kriegsbegeisterung und mentale Kriegsvorbereitung, Berlin 1991.

Bigler, Rolf R.: Der einsame Soldat. Eine soziologische Deutung der militärischen Organisation, Frauenfeld 1963.

Brandt, Sabine: Kriegssammlungen im Ersten Weltkrieg. Denkmäler oder Laboratoires d´ historie. In: Gerhard Hirschfeld u. a. Hg.: >keiner fühlt sich hier mehr als Mensch...<, Frankfurt a. M. 1996.

Breuer, Stefan: Anatomie der Konservativen Revolution, 2. Aufl., Darmstadt 1995.

Bröckling, Ulrich: Disziplin. Soziologie und Geschichte militärischer Gehorsamsproduktion, München 1997.

Broszat, Martin: Der Zweite Weltkrieg: Ein Krieg der "alten" Eliten, der Nationalsozialisten oder der Krieg Hitlers? In: Martin Broszat/Klaus Schwabe Hg.: Die deutschen Eliten und der Weg in den Zweiten Weltkrieg, München 1989.

Buchheim, Hans: Befehl und Gehorsam. In: Buchheim/Broszat/Jacobsen/Krausnik Hg.: Anatomie des SS-Staates, 6. Aufl., München 1994.

Buschmann, Nicolaus: Der verschwiegene Krieg: Kommunikation zwischen Front und Heimatfront. In: Gerhard Hirschfeld u. a. Hg.: Kriegserfahrungen. Studien zur Sozial- und Mentalitätsgeschichte des Ersten Weltkrieges, 1. Aufl., Essen 1997.

Craig, Gordon A./George, Alexander L.: Zwischen Krieg und Frieden. Konfliktlösung in Geschichte und Gegenwart, München 1988.
Craig, Gordon A.: Geschichte Europas 1815 - 1980. Vom Wiener Kongreß bis zur Gegenwart, München 1983.
Craig, Gordon A.: Über die Deutschen, München 1982.
Deist, Wilhelm: Verdeckter Militärstreik im Kriegsjahr 1918? In: Wolfram Wette Hg.: Der Krieg des Kleinen Mannes, München 1992.
Dülffer, Jost u. a. Hg.: Bereit zum Krieg. Kriegsmentalität im wilhelminischen Deutschland 1890 - 1914, Göttingen 1986.
Dunker, Ulrich: Der Reichsbund jüdischer Frontsoldaten 1919 – 1938. Geschichte eines jüdischen Abwehrvereins, Düsseldorf 1977.
Dwinger, Edwin Erich: Die Armee hinter Stacheldraht. Ein sibirisches Tagebuch, Jena 1929.
Elias, Norbert: Studien über die Deutschen. Machtkämpfe und Habitusentwicklung im 19. und 20. Jahrhundert, Michael Schröter Hg., 2. Aufl., Frankfurt a. M. 1994.
Erdmann, Karl-Dietrich: Der Erste Weltkrieg, München 1980.
Ettighoffer, P. E.: Gespenster am toten Mann, Berlin 1937.
Falter, Jürgen W.: Hitlers Wähler, München 1991.
Feldman, Gerald D.: Die Demobilmachung und die Sozialordnung in der Zwischenkriegszeit in Europa. In: Geschichte und Gesellschaft 9, 1983.
Fest, Joachim C.: Hitler. Eine Biographie. Der Aufstieg, Bd. 1, Frankfurt a. M. 1976.
Fischer, Fritz: Griff nach der Weltmacht. Die Kriegszielpolitik des kaiserlichen Deutschland 1914/1918, Kronberg/Ts. 1979.
Fischer-Homberger E.: Die traumatische Neurose. Vom somatischen zum sozialen Leiden, Bern 1975.
Freyer, Hans: Der Staat, Leipzig 1925.
Fricke, Dieter u. a. Hg.: Lexikon zur Parteiengeschichte. Die bürgerlichen und kleinbürgerlichen Parteien und Verbände in Deutschland 1789 - 1915, Bd. 1-4, Köln 1983 - 1986.
Fritscher, Werner Hg.: Dokumente zur Deutschen Wehrpsychologie 1914 - 1945, München 1990.
Gamm, Hans Jochen: Führung und Verführung. Pädagogik des Nationalsozialismus, 3. Aufl., München 1964.
Gangel/Raulet Hg.: Intellektuellendiskurse in der Weimarer Republik, Frankfurt a. M. 1994.
Gebhardt, Bruno: Handbuch zur deutschen Geschichte, Bd. 3: Von der Französischen Revolution bis zum Ersten Weltkrieg, Stuttgart 1970 und Bd. 4, 1-2: Die Zeit der Weltkriege, Stuttgart 1973 u. 1976.
Germar, Otto: Trommelfeuer. In: Ernst Jünger Hg.: Das Antlitz des Krieges, Berlin 1930.

Geyer, Michael: Ein Vorbote des Wohlfahrtsstaates. Die Kriegsopferversorgung in Frankreich, Deutschland und Großbritannien nach dem Ersten Weltkrieg. In: Geschichte und Gesellschaft 9, 1983.

Gollbach, Michael: Die Wiederkehr des Weltkrieges in der Literatur. Zu den Frontromanen der späten zwanziger Jahre, Kronberg/Ts. 1978.

Gotschlich, Helga: Zwischen Kampf und Kapitulation. Zur Geschichte des Reichsbanners Schwarz-Rot-Gold, Berlin 1987.

Grabenhorst, Georg: Fahnenjunker Wolkenborn, Leipzig 1928.

Hettling/Jeismann: Der Weltkrieg als Epos. Philipp Witkops >Kriegsbriefe gefallener Studenten<. In: Gerhard Hirschfeld u. a. Hg.: >Keiner fühlt sich hier mehr als Mensch...<, Frankfurt a. M. 1996.

Heuer Dr., Gerd F.: Die deutschen Generalfeldmarschälle und Großadmirale 1933 - 1945. In: Dokumentation zur Geschichte des Krieges 1910 - 1945, Rastatt 1997.

Heuer Dr., Gerd F.: Die Generalobersten des Heeres. Inhaber höchster deutscher Komandostellen. In: Dokumente zur Geschichte des Krieges 1910-1945, Rastatt 1997.

Hilberg, Raul: Täter, Opfer, Zuschauer. Die Vernichtung der Juden 1933 – 1945, Frankfurt a. M. 1992.

Hirschfeld, Gerhard: u. a. Hg.: >Keiner fühlt sich hier mehr als Mensch...< Erlebnis und Wirkung des Ersten Weltkriegs, Frankfurt a. M. 1996.

Hirschfeld, Gerhard u. a. Hg.: Kriegserfahrungen. Studien zur Sozial- und Mentalitätsgeschichte des Ersten Weltkrieges, 1. Aufl., Essen 1997 (Schriften der Bibliothek für Zeitgeschichte) N.F., Bd. 5.

Hobohm, Martin: Soziale Heeresmißstände im Ersten Weltkrieg. In: Wolfram Wette Hg.: Der Krieg des Kleinen Mannes, München 1992.

Hölz, Max: Vom >Weißen Kreuz< zur Roten Fahne. Jugend-, Kampf- und Zuchthauserlebnisse, Halle-Leipzig 1984.

Hüppauf, Bernd Hg.: Ansichten vom Krieg. Vergleichende Studien zum Ersten Weltkrieg. In: Literatur und Gesellschaft, Königstein/Ts. 1984.

Hüppauf, Bernd: Der Tod ist verschlungen in den Sieg. Todesbilder aus dem Ersten Weltkrieg und der Nachkriegszeit. In: Ders.: Ansichten vom Krieg. Vergleichende Studien zum Ersten Weltkrieg in Literatur und Gesellschaft, Königstein/Ts. 1984.

Hüppauf, Bernd: Langemarck, Verdun and the Myth of a New Man in Germany after the First World War. In: War & Society, Bd. 6, Nr. 2, September 1988.

Hüppauf, Bernd: Schlachtenmythen und die Konstruktion des >neuen Menschen<. In: Gerhard Hirschfeld u. a. Hg.: >Keiner fühlt sich hier mehr als Mensch...< Erlebnis und Wirkung des Ersten Weltkrieges, Frankfurt a. M. 1996.

Hürten, Heinz Hg.: Deutsche Geschichte in Quellen. Weimarer Republik und Drittes Reich 1918 - 1945, Bd. 9, Stuttgart 1995.

Hürten, Heinz: Bürgerkriege in der Republik. Die Kämpfe um die innere Ordnung von Weimar 1918 - 1920. In: Bracher/Funke/Jacobsen Hg.: Die Weimarer Republik 1918 - 1933. Politik, Wirtschaft, Gesellschaft, 2. Aufl., Düsseldorf 1988.

Ihlenfeld, Kurt Hg.: Preußischer Choral. Deutscher Soldatenglaube in drei Jahrhunderten, 2. Aufl., Berlin 1935.

Jahn, Bruno H.: Die Weisheit des Soldaten. Versuch einer Deutung und Einordnung, Nachauflage von 1936, Berlin 1943.

Jung, Edgar: Herrschaft der Minderwertigen. Ihr Zerfall und ihre Ablösung, Erste Aufl., Berlin 1927.

Jünger, Ernst Hg.: Krieg und Krieger, Berlin 1930.

Jünger, Ernst: Das Bild des Großen Krieges. In: Ders. Hg.: Das Antlitz des Krieges. Fronterlebnisse deutscher Soldaten, Berlin 1930.

Jünger, Ernst: Das Wäldchen 125. Eine Chronik aus den Grabenkämpfen 1918, Berlin 1925.

Jünger, Ernst: Der Arbeiter. Herrschaft und Gestalt, Berlin 1932.

Jünger, Ernst: Der Kampf als inneres Erlebnis, Berlin 1922.

Jünger, Ernst: Die Geburt des Nationalismus im Kriege. In: Deutsches Volkstum, 11. Jg., 1929.

Jünger, Friedrich Georg: Aufmarsch des Nationalismus, Berlin 1929.

Jünger, Ernst: In Stahlgewittern, Berlin 1926, Erstausgabe Hannover 1920.

Jungnickel, Max: Mythos des Soldaten, Berlin 1938.

Kater, Michael H.: Generationskonflikt als Entwicklungsfaktor in der NS-Bewegung vor 1933. In: Geschichte und Gesellschaft 11, 1985.

Keegan, John: Das Antlitz des Krieges. Die Schlachten von Azincourt 1415, Waterloo 1815 und an der Somme 1916, Frankfurt a. M. 1991.

Keim, Wolfgang: Erziehung unter der Nazi-Diktatur, Bd. 1: Antidemokratische Potentiale, Machtantritt und Machtdurchsetzung, Darmstadt 1995.

Klein, Holger M.: Zur Typologie des Kriegsromans. In: Klaus Vondung Hg.: Kriegserlebnis, Göttingen 1980.

Kluge, Ulrich: Soldatenräte und Revolution. Studien zur Militärpolitik in Deutschland 1918/19, Göttingen 1975.

Kolb, Eberhard: Die Weimarer Republik, 3. Aufl., München 1993.

Koselleck, Reinhart: Der Einfluß der beiden Weltkriege auf das soziale Bewußtsein. In: Wolfram Wette Hg.: Der Krieg des Kleinen Mannes, München 1992.

Krumeich, Gerd: Kriegsgeschichte im Wandel. In: Gerhard Hirschfeld u. a. Hg.: >Keiner fühlt sich hier mehr als Mensch...< Erlebnis und Wirkung des Ersten Weltkrieges, Frankfurt a. M. 1996.

Kruse, Wolfgang Hg.: Eine Welt von Feinden. Der große Krieg von 1914 - 1918, Frankfurt a. M. 1997.

Kruse, Wolfgang: Krieg und Klassenheer. Zur Revolutionierung der deutschen Armee im Ersten Weltkrieg. In: Geschichte und Gesellschaft 22, 1996.

Kruse, Wolfgang: Kriegsbegeisterung? Zur Massenstimmung bei Kriegsbeginn. In: Wolfgang Kruse Hg.: Eine Welt von Feinden. Der Große Krieg 1914 - 1918, Frankfurt a. M. 1997.Kühne, Thomas: Kameradschaft - "das Beste im Leben des Mannes". Die deutschen Soldaten des Zweiten Weltkriegs in erfahrungs- und geschlechtergeschichtlicher Perspektive. In: Geschichte und Gesellschaft 22, 1996.

Latzel, Klaus: >Schlachtbank< oder >Feld der Ehre<? Der Beginn des Einstellungswandels gegenüber Krieg und Tod 1756 – 1815. In: Wolfram Wette Hg.: Der Krieg des Kleinen Mannes, München 1992.

Lexius Dr., Martin: Hindenburg. Erinnerungen maßgebender Militärs und Politiker sowie Regimentsgeschichten. In: Sturm-Zigaretten-Fabrik GmbH Dresden Hg.: Bearbeitet unter Verwendung von Quellen des Reichsarchives Potsdam, Dresden 1934.

Linden v. d./Mergner: Kriegsbegeisterung und mentale Kriegsvorbereitung. In: Marcel v. d. Linden u. a. Hg.: Kriegsbegeisterung und mentale Vorbereitung, Interdisziplinäre Studien. In: Beiträge zur Politischen Wissenschaft, Bd. 61, Berlin 1991.

Linse, Ulrich: Das wahre Zeugnis. Eine psychohistorische Deutung des Ersten Weltkrieges. In: Klaus Vondung Hg.: Kriegserlebnis, Göttingen 1980.

Linse, Ulrich: Saatfrüchte sollen nicht vermahlen werden. Zur Resymbolisierung des Soldatentodes. In: Marcel v. d. Linden u. a. Hg.: Kriegsbegeisterung und mentale Vorbereitung, Interdisziplinäre Studien. In: Beiträge zur Politischen Wissenschaft, Bd. 61, Berlin 1991.

Maier, Klaus A./Ueberschär, Gerd R.: Kräfte, Tendenzen, Strömungen im Militär. In: Oswald Hirschfeld Hg.: Auf dem Weg ins Dritte Reich. Kräfte - Tendenzen - Strömungen, 2. Aufl., Bonn 1982.

Mann, Golo: Deutsche Geschichte des 19. und 20. Jahrhunderts, Frankfurt a. M. 1992.

Mann, Heinrich: Der Untertan, Leipzig 1989.

Mann, Thomas: Der Zauberberg, Leipzig 1989.

Mallmann, Klaus-Michael/Paul, Gerhard Hg.: Karrierren der gewalt. Nationalsozialistische Täterbiographien, Darmstadt 2004.

Menger, Christian F.: Deutsche Verfassungsgeschichte der Neuzeit, Heidelberg 1993.

Modelmog, Ilse: Kriegsbegeisterung! Kriegsbegeisterung! Zur soziologischen Dimension des Kriegserlebnisses. In: Marcel v. d. Linden u. a. Hg.: Kriegsbegeisterung und mentale Kriegsvorbereitung, Berlin 1991.

Mohler, Armin: Die Konservative Revolution in Deutschland 1918 - 1932, 4. Aufl., Darmstadt 1994.

Mommsen, Hans: Die verspielte Freiheit. Der Weg der Republik von Weimar in den Untergang 1918 - 1933, Berlin 1990.

Mommsen, Wolfgang J.: Der Erste Weltkrieg und die Krise Europas. In: Gerhard Hirschfeld u. a. Hg.: >Keiner fühlt sich hier mehr als Mensch...<, Frankfurt a. M. 1996.

Mommsen, Wolfgang J.: Kultur und Krieg. Die Rolle der Intellektuellen, Künstler und Schriftsteller im Ersten Weltkrieg, München 1996.

Mosse, George L.: Gefallen für das Vaterland. Nationales Heldentum und namenloses Sterben, Stuttgart 1993.

Mosse, George L.: Soldatenfriedhöfe und nationale Wiedergeburt. Der Gefallenenkult in Deutschland. In: Klaus Vondung Hg.: Kriegserlebnis. Der Erste Weltkrieg in der literatischen Gestaltung und symbolischen Deutung der Nation, Göttingen 1980.

Mosse, George L.: Über Kriegserinnerungen und Kriegsbegeisterung. In: Marcel v. d. Linden u. a. Hg.: Kriegsbegeisterung und mentale Kriegsvorbereitung, Berlin 1991.

Mueller, Gene: Wilhelm Keitel - Der gehorsame Soldat. In: Smelser/Syring: Die Militärelite des Dritten Reiches, Berlin 1997.

Müller, Klaus Jürgen: Deutsche Militärelite in der Vorgeschichte des Zweiten Weltkrieges. In: Broszat/Schwabe Hg.: Die deutschen Eliten und der Weg in den Zweiten Weltkrieg, München 1989.

Münkler, Herfried: Gewalt und Ordnung. Das Bild des Krieges im politischen Denken, Frankfurt a. M. 1992.

Nietsche, Friedrich: Das Hauptwerk, Bd. 4, Nachdruck München 1990.

Ottos, Carl A. G.: Im Osten nichts Neues, Zirndorf-Nürnberg 1929.

Plaut, Paul: Psychographie des Kriegers. In: Beihefte zur Zeitschrift für angewandte Psychologie, Nr. 21: Beiträge zur Psychologie des Krieges, Leipzig 1920.

Pliviers, Theodor: Des Kaisers Kuli. Roman der deutschen Kriegsflotte, Berlin 1929.

Prümm, Karl: Die Literatur des Soldatischen Nationalismus der 20er Jahre (1918 - 1933). Gruppenideologie und Epochenproblematik 1, Kronberg/Ts. 1974.

Prümm, Karl: Tendenzen des deutschen Kriegsromans nach 1918. In: Klaus Vondung Hg.: Kriegserlebnis. Der Erste Weltkrieg in der literarischen Gestaltung und symbolischen Deutung der Nationen, Göttingen 1980.

Rattner, Josef: Klassiker der Tiefenpsychologie, Augsburg 1997.

Remarque, Erich M.: Im Westen nichts Neues, Frankfurt a. M. 1983.

Riedesser/Verderber: >Maschinengewehre hinter der Front<. Zur Geschichte der deutschen Militärpsychiatrie, Frankfurt a. M. 1996.

Rohkrämer, Thomas: Der Gesinnungsmilitarismus der >kleinen Leute< im Deutschen Kaiserreich. In: Wolfgang Wette Hg.: Der Krieg des Kleinen Mannes, München 1992.

Rohkrämer, Thomas: Der Militarismus der >kleinen Leute<. Die Kriegervereine im Deutschen Kaiserreich 1871 - 1914. In: Militärgeschichtliches Forschungsamt Hg.: Beiträge zur Militärgeschichte, Bd. 29, München 1990.

Rojahn, Jürgen: Arbeiterbewegung und Kriegsbegeisterung. Die deutsche Sozialdemokratie 1870 - 1914. In: Marcel v. d. Linden u. a. Hg.: Kriegsbegeisterung und mentale Kriegsvorbereitung, Berlin 1991.

Rürup, Reinhard Hg.: Topographie des Terrors. Gestapo, SS und Reichssicherheitshauptamt auf dem >Prinz-Albrecht-Gelände<. Eine Dokumentation, 10. Aufl., Berlin 1995.Rürup, Reinhard: Der "Geist von 1914" in Deutschland. Kriegsbegeisterung und Ideologisierung des Krieges im Ersten Weltkrieg. In: Bernd Hüppauf Hg.: Ansichten vom Krieg, Königstein/Ts. 1984.

Schöllgen, Gregor: Das Zeitalter des Imperialismus, München 1991.

Schramm, Gottfried: 1914: Sozialdemokraten am Scheideweg. In: Christian Stern u. Hans August Winkler Hg.: Wendepunkte deutscher Geschichte 1848 - 1990, Frankfurt a. M. 1994.

Schulze, Hagen: Freikorps und Republik 1918 - 1920. In: Militärgeschichtliches Forschungsamt Hg.: Militärgeschichtliche Studien, Boppard a. Rhein 1966.

Schulze, Hagen: Weimar, Deutschland 1917 - 1933. In: Siedler Deutsche Geschichte, Bd. 4, Berlin 1982.

Schwabe, Klaus: Der Weg der Republik vom Kapp-Putsch 1920 bis zum Scheitern des Kabinetts Müller 1930. In: Bracher/Funke/Jacobsen Hg.: Die Weimarer Republik 1918 - 1933, 2. Aufl., Düsseldorf 1988.

Seldte, Franz: M.G.K. (Maschinen-Gewehr-Kompanie), Leipzig 1929.

Sieferle, Rolf Peter: Die Konservative Revolution. Fünf biographische Skizzen, Frankfurt a. M. 1995.

Smelser, Ronald/Zitelmann, Reiner Hg.: Die braune Elite I. 22 Biographische Skizzen, 3. Aufl., Darmstadt 1994.

Smelser, Ronald/Syring, Enrico/Zitelmann, Rainer Hg.: Die braune Elite II. 21 weitere biographische Skizzen, Darmstadt 1993.

Smelser, Ronald/Syring, Enrico: Die Militärelite des Dritten Reiches, 27 Biographische Skizzen, Berlin 1997.

Sontheimer, Kurt: Antidemokratisches Denken in der Weimarer Republik, 4. Aufl., München 1994.

Sontheimer, Kurt: Die politische Kultur der Weimarer Republik. In: Bracher/Funke/ Jacobsen Hg.: Die Weimarer Republik 1918 - 1933, 2. Aufl., Bonn 1988.

Sternberger, Dolf: Herrschaft und Vereinbarung, Frankfurt a. M. 1986.

Stolpe, Elmar: Wilde Freude, fürchterliche Schönheit. Die romantische Ästhetisierung des Krieges. In: Marcel v. d. Linden: Kriegsbegeisterung und mentale Kriegsvorbereitung, Berlin 1991.

Stürmer, Michael:. Deutschland 1866 - 1918, In: Siedler Deutsche Geschichte, Bd.3, Berlin 1983.

Tormin, Walter: Die Weimarer Republik, 24. Aufl., Hannover 1977.

Tucholsky, Kurt: Gesammelte Werke 1921 - 1924, Bd. 3, Gerold-Tucholsky, Mary u. Raddatz, Fritz J. Hg., Hamburg 1993.

Tyrell, Albrecht: Der Aufstieg der NSDAP zur Macht. In: Bracher/Funke/Jacobsen Hg.: Die Weimarer Republik 1818 - 1933, 2. Aufl., Bonn 1988.
Tyrell, Albrecht: Führer befiehl... Selbstzeugnisse aus der "Kampfzeit" der NSDAP, Nachdruck, Bindlach 1991.
Ullrich, Volker: Kriegsalltag. Hamburg im Ersten Weltkrieg, Köln 1982.
Ulrich, Bernd: "Militärgeschichte von unten". Anmerkungen zu ihren Ursprüngen, Quellen und Perspektiven im 20. Jahrhundert. In: Geschichte und Gesellschaft 22, 1996.
Ulrich, Bernd: Augenzeugen: Deutsche Feldpostbriefe in Kriegs- und Nachkriegszeit 1914 - 1933, Essen 1997.
Ulrich, Bernd: Die Desillusionierung der Kriegsfreiwilligen von 1914. In: Wolfram Wette Hg.: Der Krieg des Kleinen Mannes, München 1992.
Ulrich, Herbert: Best. Biographische Studien über Radikalismus, Weltanschauung und Vernunft 1903 - 1989, Bonn 1996.
Ulrich/Ziemann Hg.: Frontalltag im Ersten Weltkrieg. Wahn und Wirklichkeit, Frankfurt a. M. 1995.
Ulrich/Ziemann Hg.: Krieg im Frieden. Die umkämpfte Erinnerung an den Ersten Weltkrieg, Frankfurt a. M. 1997.
Ulrich/Ziemann: Das soldatische Kriegserlebnis. In: Wolfgang Kruse Hg.: Eine Welt von Feinden, Frankfurt a. M. 1997.
Unruh, Karl: Langemarck. Legende und Wirklichkeit, Koblenz 1986.
Vondung, Klaus Hg.: Kriegserlebnis. Der Erste Weltkrieg in der literarischen Gestaltung und symbolischen Deutung der Nation, Göttingen 1980.
Vuckovic, Andreas: "Wunderbare Katastrophe". Künstler im Ersten Weltkrieg. In: Berliner Morgenpost Nr. 133, Feuilleton, Berlin 17.05.98, S. 36, Zeitungsartikel zu einem Vortrag von Wolfgang J. Mommsen in Berlin zur Rolle der künstlerischen und intellektuellen Avantgarde in Deutschland 1914 - 1916.
Werner, Sebastian: Werner Best - Der völkische Ideologe. In: Smelser/Syring/Zitelmann Hg.: Die Braune Elite II. 21 weitere Biographische Skizzen, Darmstadt 1993.
Wette, Wolfram Hg.: Der Krieg des Kleinen Mannes. Eine Militärgeschichte von unten, München 1992.
Wette, Wolfram: Die militärische Demobilisierung in Deutschland 1918/19 unter besonderer Berücksichtigung der revolutionären Ostseestadt Kiel. In: Geschichte und Gesellschaft 12, 1986.

Wette, Wolfram: Die unheroischen Kriegserinnerungen des Elsässer Bauern Dominik Richert aus den Jahren 1914 - 1918. In: Wolfram Wette Hg.: Der Krieg des Kleinen Mannes, München 1992.
Wiedenhoff, Ute: "...daß wir auch diese größte Mensur unseres Lebens in Ehren bestehen werden". Kontinuitäten korporierter Mentalität im Ersten Weltkrieg. In: Gerhard Hirschfeld u. a. Hg.: Kriegserfahrungen, Essen 1997.
Witkop, Philipp: Kriegsbriefe gefallener Studenten. Überarbeitete Ausgabe, München 1928.
Ziemann, Benjamin: Fahnenflucht im deutschen Heer 1914 - 1918. In: Militärgeschichtliche Mitteilungen 55, 1996.
Ziemann, Benjamin: Verweigerungsformen von Frontsoldaten in der deutschen Armee 1914 - 1918. In: Jahrbuch für Historische Friedensforschung 4, 1995.
Zuckmayer, Carl: Als wär´s ein Stück von mir. Horen der Freundschaft, Frankfurt a. M. 1969.

Personen und Sachwortregister

Alldeutscher Verband 94
Augusterlebnis 8, 11-12, 14-15, 73
Best, Werner 8, 93- 99, 102
Burgfrieden 12, 28, 73, 101
Demobilisierung 8
Demobilmachung 9, 54-59, 106
Deutsch-Nationale Volkspartei 94
DNVP 96
Ebert, Friedrich 53, 57, 64,
Erster Weltkrieg 7-9, 11-12, 15- 17, 19, 23-27, 34-35, 37, 41-42. 48-49, 27, 59, 66, 69, 73-74, 78-79, 83, 86, 89, 93, 99, 101-102, 105-112, 117
Freud, Siegfried 11
Fronterfahrungen 7, 8, 11, 25, 32-33, 51, 54, 69, 74, 86, 93, 95-97
Fronterlebnis 7-8, 22, 25, 28, 32-35, 51, 61-62, 64, 66, 72-73, 75-76, 87, 101-102
Frontkameradschaft 25-29, 34, 70-75, 89, 101
Frontsoldaten 20, 22, 27-28, 32-34, 36, 47, 50-51, 57, 61-62, 65-66, 72-73, 75, 105-106, 113
Geist von 1914 12, 101
General Wilhelm Groener 19, 52
General Paul Hindenburg 24, 49, 57-58, 65, 96, 103, 109, 119
General Hans von Seeckt 64, 85, 87, 90
General Kurt von Schleicher 85
Generalmajor Erich Ludendorff 21
Haase, Hugo 53, 57
Heydrich, Reinhard 98
Himmler, Heinrich 98
Hindenburg, Paul 21, 84
Hitler, Adolf 15-16, 31, 34, 36, 62-65, 67, 76-77, 88-89, 92, 98, 103, 106,
Hobohm, Martin 43, 48-49, 107
Jahn, Bruno H. 25, 29, 82, 108
Jung, Edgar 96
Jünger, Ernst 18-19, 23-25, 29, 31, 75, 81, 96-97, 100, 106, 108
Kahr von, Ministerpräsident 63
Kapp, Wolfgang 58, 62-64, 67, 111
Köppen, Edlef 73
KPD 65, 67
Langemarck, Mythos von 20-21, 23, 107, 112
Ludendorff, Erich 47
Mechows von, Karl Benno 71
Mythos von Langemarck 20-21, 23, 107, 112
Mythos von Tannenberg 21
Nationalismus 11, 24, 29, 31, 34, 36, 64, 67, 75, 78-79, 81-82, 87, 91, 96, 108, 110
Nationalsozialismus 8-9, 77, 84, 86, 88, 91, 93-94, 97, 102, 106, 118
Nietzsche, Friedrich 11, 15
NSDAP 63, 76, 90, 96, 100, 111
Opferbereitschaft 8, 20, 22, 26, 31, 33, 73-74, 82, 101
Otto, Carl A. G. 24, 71, 79, 83, 105-106

Remarque, Erich Maria 31, 71, 73, 79-80, 110
Renn, Ludwig 73, 78-79
Richert, Dominik 43-44, 48-49, 112
Röhm, Ernst Julius 63
Schliefen-Plan 20
Sommeschlacht 1916 21
Sozialdemokratische Partei 12
SPD 12-13, 54, 59, 65, 67
Tannenberg, Mythos von 21
Tucholsky, Kurt 77, 83, 111
Ulrich, Bernd 9, 15, 16, 22, 23, 24, 30-31, 33, 35-36, 41-42, 48-50, 57-59, 66, 78-79, 81, 83, 91-92, 99-100, 105-106, 108-109, 111-112
Unabhängige Sozialdemokratische Partei Deutschlands 54
USPD 54
Verdun 21, 23, 107
Wagner, Richard 11
Weimarer Republik 7-9, 12, 29-31, 34, 36, 49, 51, 56-57, 59, 60-62, 65-69, 73, 76-77, 79, 81-82, 84, 87, 89-90, 96, 99, 102, 105-108, 111, 118
Zuckmayer, Carl 18, 23, 113

Der Erste Weltkrieg 1914-1918

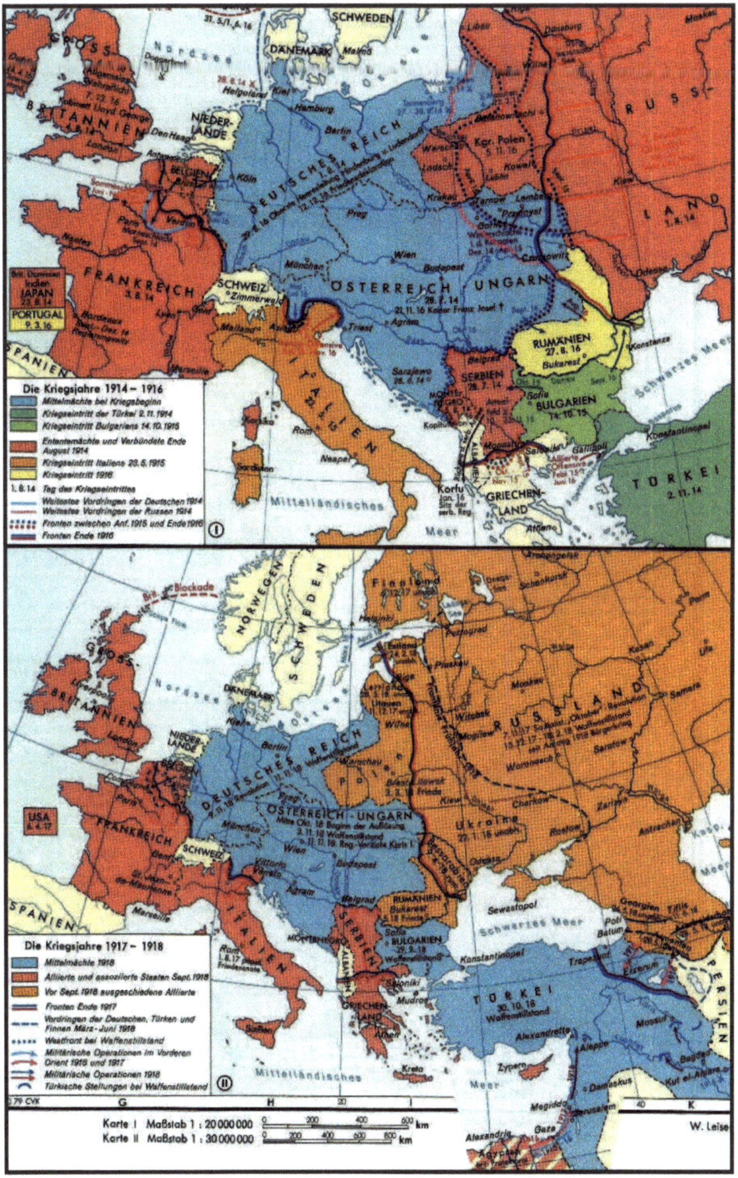

Quelle der Karten: Putzger Historischer Weltatlas, 101 Aufl., Berlin 1991.

Die Weimarer Republik 1918-1933

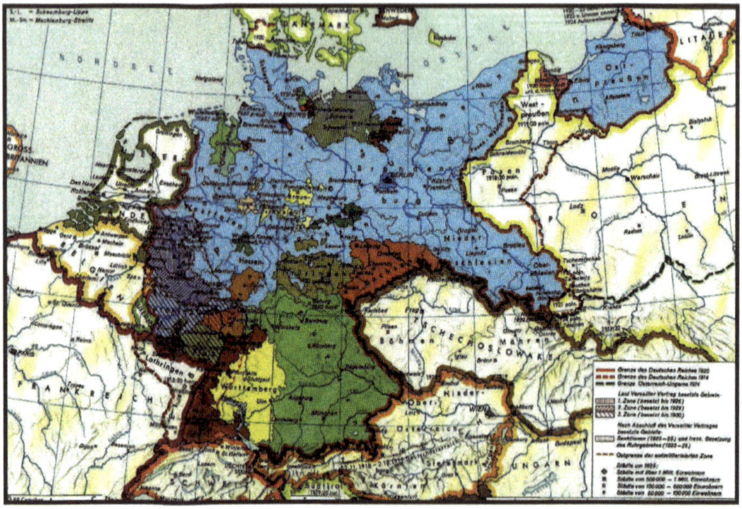

Der Nationalsozialismus und das "Dritte Reich" 1933-1945

Quelle der Karten: Putzger Historischer Weltatlas, 101 Aufl., Berlin 1991.

ibidem-Verlag
Melchiorstr. 15
D-70439 Stuttgart

info@ibidem-verlag.de

www.ibidem-verlag.de
www.edition-noema.de
www.autorenbetreuung.de